# 아름다운 작가

2020년 제10호

(사)한국작가회의양주지부

# 아름다운 작가
2020년 제10호

### 여는 시
나병춘 | 담쟁이·2     004

### 포토에세이
문선정 | dance, 움직임으로 소통하는 시각적 언어체계     006

### 특집 I
이철경 | 김정용 시인 인간론     010

### 시
강옥매 | 유리창이 영화를 상영하면서 외 3편     022
김 명 | 누구세요 외 1편     028
김은희 | 산행 외 2편     030
김점용 | 엘리베이터 앞에서 외 2편     034
김정운 | 굴뚝이 있는 뒤란 외 2편     040
나금숙 | 사과나무 아래서 나 그대를 깨웠네 외 4편     044
나병춘 | 삼카라 외 2편     054
문선정 | 시절, 시험에 들지 말게 하옵시며 외 2편     060
안영희 | 배경 외 3편     066
유병욱 | 모눈종이 현상 외 4편     071
윤여설 | 지하철역에서·2 외 2편     080
윤인구 | 어떤 의식에 대한 성찰 외 2편     084
이가을 | 두 개의 달을 위한 엘레지 외 2편     087
이도영 | 강구항 외 4편     093

| 이사람 | 국화꽃 향기 외 3편 | 102 |
| 이수풀 | 하나님 나의 하나님 외 2편 | 110 |
| 이철경 | 싱글 대디 외 2편 | 115 |
| 임성용 | 사랑은 옛말 외 2편 | 119 |
| 임영희 | 호작질하다 외 4편 | 122 |
| 임원혁 | 귀뚜라미를 키우신다 외 3편 | 128 |
| 최한나 | 여름을 빨다 외 2편 | 132 |
| 최호일 | 토요일의 우산 외 2편 | 137 |

## 산문

| 김정운 | 할배와 꽃밭 | 144 |
| 나병춘 | 시인이여 사랑을 노래하자 | 147 |
| 문선정 | 바람의 눈물이 닿는 곳에 꽃이 핀다 | 155 |
| 안영희 | 동백꽃 현수막 | 159 |

## 동시

| 이가을 | 달과 나란히 외 2편 | 164 |
| 이사람 | 꼬마물떼새 외 2편 | 170 |

## 평론

| 나금숙 | 풍경의 의식으로 바라보고 시 쓰기 | 176 |
| 임성용 | 김동인 소설에 나타난 식민지 민족주의의 왜곡 | 184 |

## 특집 II

| 임성용 | 한국문단의 적폐, 친일문인기념문학상 폐지운동 | 198 |

| 여는 시 | 나병춘

## 담쟁이 · 2

벽, 저건 길이다
길, 저건 벽이다
끊임없이 맞닥뜨리는 하루 하루들
하루살이처럼 살아가지만
하루가 모여 천 년 역사가 된다
하루는 수평으로 뻗으며
지나온 길 뒤돌아본다
또 하루는 수직으로 줄기차게 상승하며
넘보지 못한 내일을 엿본다
수많은 장애물도 있었다
손 발바닥에 못이 박히며 피 철철 흘리며
한 걸음 한 걸음 자일을 박으며 올랐다
무거운 짐 마다 않고 견디며 살아온
忍冬의 나날들
크레바스 같은 아찔한 장벽도
하나가 여럿이 여럿이 하나가 되어
훌쩍 뛰어넘었다
지난날이 아득한 배경이 되어

변치 않는 초록 풍경화를 만들었다
새들이 날아와 나의 심장 쪼개며
유혹하기도 하였지만
바람이 한 장 한 장 사정없이 뜯어먹으며
내팽개치기도 하지만
이렇게 늘 푸르게 살아왔느니
낙관을 찍지 않고도 당당한
나의 벽화
짠하고 아름다운 忍冬草 하나

―『님이여 우리들 모두가 하나 되게 하소서』에서 발췌

**나병춘**
1994년《시와시학》등단. 시집 『새가 되는 연습』『하루』『어린왕자의 기억들』
『쉿!』 등이 있으며, 시선집 『자작나무 피아노』.

| 포토에세이 | 문선정

@팝핀댄스그룹 애니메이션크루

# dance, 움직임으로 소통하는 시각적 언어체계

'코리아 갓 탤런트'(TVn방송) '서바이벌 오디션 리얼리티 프로그램'에 출전했던 팝핀댄스그룹 '애니메이션크루'가 무대에서 보여줬던 퍼포먼스의 한 장면이다. 예술의 장르는 다양하다. 어떠한 소재와 창의력을 동원해 보고 듣는이에게 감동으로 녹아내리게 하는지 보여주는 장르 팝핀댄스. 독특한 재능의 춤사위가 몇 년이 지나도 잊혀지지 않는다.

마치 SF 영화에서 볼 수 있는 220V 이상의 강력한 전기를 먹고 사는 기계인간의 이야기거리가 숨어있을 것 같다. 어찌 보면 지구인이 설정한 가장행렬처럼 보이겠지만 기계음의 효과에 따라 의사를 주고받는 이들은 혹시 고독한 로봇의 세계로 입성하는 것이 목표가 아닐까? 그도 아니라면 수 억 년 동안 진화의 과정을 거친 후 보이지 않는 단단한 막의 껍질을 뚫고 나온 몇 안 되는 비밀스러운 현생 인류가 아닐까?

삐뚜름한 음향 신호에 숙달된 이들은 어쩌면 지구인이 아닐 거라는 의문마저 들게 한다. 가령 우주 어느 별에서 은밀히 숨어든 지상군이거나, 아주 오랜 기간 우주의 미아로 떠돌다 우연히 지구별로 떨어진 미스테리한 존재일지도 모른다. 우주의 기억, 우주의 상상을 총동원해 심장의 떨림이 연결선의 고리에 접속되는 순간 전류를 공급받고 생명을 얻는 수단 같은.

부드러운 듯 거친 몸짓 하나하나를 놓치지 않는다면, 움직임만으로도 소통할 수 있는 시각적 언어체계에 좀 더 구체적으로 접근할 수 있을 것이다.

태초에 인간이 있어 우리는 인간으로 태어났으나, 인간의 허울 속에 숨겨져 있는 또 다른 자아를 찾고자 꾸준히 노력하는 사람과의 만남은 끌림 그 이상이다. 그들을 일컬어 '예술가'라 칭한다. 'Poppin'이라는 독특한 대화체를 구사하며 무대를 장악하는 고독한 행위예술가들. 지구상에서 가장 뜨거운 'Dancer'로 한평생 살아가야 할 아름다운 그대들은, 아득히 멀고 먼 우주 어디쯤에서 왔는가?

문선정
경기 구리 출생. 2014년《시에》등단. 현)아름다운 작가 회장.

# 아름다운 작가

## 특집 I

김점용 시인 인간론

이철경

|특집| 시인 연구

# 김점용 시인 인간론
—제멋대로 왔다 가려는 친구의 앞길을 막아서며

**이철경** (시인 · 문학평론가)

　　행복한 시절이 그리 많지 않았던 친구 김점용 시인이 뇌종양 수술로 병마와 싸우고 있다. 세 번째 수술은 항암 치료 후, 많이 좋아졌다는 말을 들었다. 면회 가능한 상황이 아님에도 병원에 근무하는 부인의 배려로 병문안이 가능했다. 얼굴은 그다지 상태가 호전돼 보이지 않았지만, 친구인 나를 기억하는 걸 보니 어느 정도 진전이 있는 것 같다. 수술 직후엔 가족 얼굴도 기억 못 할 정도로 안 좋았는데, 뭔가 좋아진 것 같아 희망을 품기로 했다. 병실에 누워 있는 친구에게 아무렇지도 않은 듯, 너스레 떨며 다리를 마사지해 주면서 만져보니 근육 없는 뼈만 잡혀 안타까웠다. 어서 일어나 지리산에 함께 오르자고 했지만, 어느 말로도 위로가 안 되어 자꾸 침묵이

끼어든다. 병문안 간 날, 내가 알아들을 수 있는 말은 "어서 와 철경아" "밖에 비 온다." 이다. 그 말마저도 표정을 관장하는 전달체계에 문제가 있는지 해탈한 무표정이었다. 어서 밝게 웃는 친구의 얼굴을 보고 싶다.

병마와 싸우는 김점용 시인을 보니, 함께 했던 지난 기억들이 아득하게 느껴진다. 내가 김점용 시인을 만난 건 30여 년 전의 혈기 왕성한 젊은 날이었다. 함께 시 공부하던 문우들과 오전 시 토론을 마치고, 점심 식사 대신에 종로 뒷골목 밀주집에서 고갈비에 막걸리로 낮술을 했다. 취기에 의기투합한 젊은 혈기의 대여섯 명은 빗소리를 들으며 취해갔다. 한국사회의 현실 부조리에 난상토론은 술집으로 이어져 시에 대한 열정으로 종결되었다. 우리들의 젊음은 푸르렀고 문학청년은 몇 날 며칠 동안 쏟아지는 장대비도 막지 못했다.

술자리가 끝나고 아쉬운 몇몇은 장소를 옮겨 여의도 한강 고수부지로 향했다. 우리들은 취기로 겁 없이 허공에 소리를 지르며 하늘을 향해 팔을 휘둘렀다. 비가 내리는 한강 물은 미친 듯 울렁거리며 빠르게 흘러갔고 우리도 미친 듯이 '아침이슬'을 부르며 뜨거운 가슴을 쏟아지는 비에 식혔다.

그때 무슨 객기인지 나는 나발을 불던 소주병을 잔디 위에 놓고 술에 흥건이 젖은 몸을 한강에 띄웠다. 빠르게 흐르는 흙탕물은 나를 저만치 끌고 갔고 물속에 뛰어든 후에야 뭔가 잘못된 것을 알아차렸다. 뭍에는 여러 명이 소리를 지르며 웃고 떠들고 빗속에 철없는 청춘들이 광란의 한강물처럼 야단법석이었다. 그때 김점용 시인이 불현듯 한강으로 뛰어들었다. 아! 저 젊은 청춘이 저렇게 강불에 휩쓸려가는구나. 생각하며 급히 수영하여 그에게 다가서는 순간, 멀리

서 확성기 소리가 들려왔다. 위험한 물에서 당장 나가라고 안전요원 배가 다가왔다. 다행히 우리 둘은 미끄러운 돌을 밟고 넘어지며 뭍으로 기어 나왔다. 강가에 수양버들이 세차게 내리치는 비에 이리저리 머리를 흔드는 동네 어귀의 광녀처럼 세상은 모두가 기분 좋게 취해갔다.

 다음날 아침 여의도 가까이 있는 내 숙소에서 함께 일어나 팬티를 보니, 진흙이 석고를 뜨듯 딱딱하게 불알을 감싸고 있다가 후드득 떨어졌다. 일요일 느지막이 일어나 아점을 먹고 친구는 회사 사보에 넣을 인터뷰 일정으로 양평에 간다고 했다. 그날 친구는 진흙 범벅이 된 젖은 옷을 툴툴 털고 양평으로 향하는 외곽행 버스를 탔다. 그때 빌려준 돈을 아직도 받지 못했다. 그에게 그날 왜 위험하게 한강에 뛰어들었냐 물었더니, 자신도 통영 앞바다에서 수영 좀 했단다. 한강에 뛰어들어 구하려고 했지만 다행히 수영을 잘 하는 것 같아

안심했단다. 그는 나를 처음 본 날, 내가 부른 '황성옛터' 노래에 훗날 시인으로 강한 연대감을 느꼈다고 했다. 그가 내게 반한 첫 만남이었다.

그 후로 술친구로 시 친구로 함께 인사동 바닥과 종로 바닥을 휘저으며 젊음을 탕진하다 김점용 시인은 1997년 '문학과 사회' 겨울 호에 등단하게 된다. 등단 후에도 문학과지성사에서 한국 문단을 이끌어나갈 젊은 시인들을 묶어서 시 품평 모임을 주선하고 시단이라는 이너서클에 편입시켰다. 그러나 김점용 시인은 그들과도 그다지 어울리지 못했다. 그의 완고한 성격과 시적 자아의 깊이는 그를 충족시키지 못했다. 여전히 그는 나와 함께 술을 마시며 인사동 통인가게 앞, 감나무에 옷을 걸어놓고 공터에 앉아 밤새도록 술 마시며 토론하다 잠드는 일이 한동안 부지기수였다. 새벽에 청소부 아저씨가 알람처럼 깨워 일어나기도 했다.

또 어느 해는 생애 첫차를 사서 일주일동안 여름휴가를 떠났던 기억은 지금도 잊히지 않는다. 해안선을 따라 5박 6일 동안 여행 중, 김점용 시인의 고향 통영에 다다르게 되었다. 그는 부랴부랴 수영복을 챙기고 우리들은 거제도 몽돌해수욕장으로 향했다. 우리가 도착한 시간은 이미 해가 뉘엿뉘엿 서산으로 넘어가는 초저녁이라 바로 술판을 벌였다. 바닷가 해산물 파는 상점에서 빌린 파라솔을 들고 바닷물이 찰랑거리는 야트막한 물속에 파라솔을 펼쳤다. 우리는 바다에 발을 담근 채, 붉게 물든 석양을 바라보며 멍게 해삼에 소주를 마셨다. 그 환상적이고 아름다운 풍경을 바라보며 서서히 바닷속으로 취해갔다. 점점 순배가 돌면서 김점용 시인이 불러달라고 조르는 '황성옛터'를 청승맞게 불렀다. 우리는 해가 지도록 늘어만 가는 빈 술병 뚜껑을 닫으며 뗏목을 만들어 대마도를 횡단하자고 했다. 깡소주 같은 취한 바다에 녹아들어 사라져도 아무도 모를 정도였다. 둘이 마시다 한 명이 죽었는지 사라졌는지 아무도 모를 일이다.

취해 설핏 잠들다 깨어보니, 하늘엔 별이 쏟아져 내리고 해안선 따라 불빛이 반짝이는 밤이었다. 함께 앉아 마시던 김점용 시인이 보이지 않았다. 해가 지고 밀물이 몰려와 허벅지까지 차 있던 바닷물은 의자에 앉은 배꼽을 지나 명치까지 바닷물이 출렁이고 있었다. 불안감에 파라솔 물밑도 보고 멀리 바다를 둘러보아도 친구는 어디에도 보이지 않았다. 불안감을 뒤로한 채 파라솔을 들고 뭍으로 나와 횟집에 반납하고 주변으로 찾아 나섰다. 핸드폰도 없는 시절이라, 연락할 길이 막막했다. 너무 취해 불안한 마음으로 어쩔 수 없이 차로 돌아와 깊은 잠에 빠져들었다. 새벽에 일어나니 김점용 시인이 언제 왔는지 조수석에서 다소곳이 자고 있다. 간밤에 어찌 된 일이냐 물었더니, 그가 말했다. 내가 잠시 잠들었을 때, 똥 싸러 뭍으로 나왔다가 바다에 있는 나를 까마득히 잊고 귀소본능에 집으로 가려고 했단다. 거제도 몽돌해수욕장에서 택시기사에게 서울 홍은동 외쳤지만 어느 누구도 태워주지 않아 길 옆 논두렁에 처박힌 후, 그 자리에 한숨 자고 깨어나서 차로 왔단다. 우리는 아무 일 없다는 듯 해장을 하고 상상할 수 없는 추억을 하나 공유하며 다음 여정으로 옮겼다.

몇 해 전에도 김점용 시인은 지리산에서 나를 두고 혼자 서울로 올라간 전력이 있다. 마침 지리산 종주를 하다 만난 선녀 같은 두 명의 숙녀에게 내가 한눈파는 사이, 그는 별 관심 없다는 듯 나를 뒤로한 채 내려가 버렸다. 각자 서로 따로 걸으며 백무동 시외버스 터미널에 도착하니 먼저 올라간다고 문자하나 남기고 올라가 버렸다. 언제나 그는 자기 멋대로이다.

　김점용 시인은 그 흔한 시인이 되기 이전부터 젊은 날에 만나 함께 시를 쓰며 젊음을 탕진했던 기억을 공유하는 친구이다. 언제나 그렇듯, 왕년의 혈기왕성했던 영웅담과 때로는 찌질하리 만치 구질구질한 기억을 안주 삼아 희희낙락했던 추억을 호명했다. 이렇게 모여 함께 웃으며 살아온 내력을 보듬으며 서로가 서로를 지지했다.

　김점용 시인은 충무로에 있던 쌍용그룹 홍보실에서 근무하다 석사 박사를 마친 후, 시를 가르치는 교수가 되었다. 십여 년 전, 술을 마시며 그가 일 년간 일본 게이오대학 교환교수로 체류할 거라 말하며 아주 좋아했다. 나도 정말 잘됐다. 축하하며 일본은 가까우니 한 번 가마했다. 그 후 몇 달 후 일본 한인 식당에서 값비싼 소고기와 한국산 소주를 투덜거리며 마시고 저렴한 선술집으로 가서 김점용 시인이 샀다. 그때만 해도 그는 교환교수 프로그램대로 잘 적응하며 의미 있는 시간을 보내고 있었다. 체류 기간을 마치고 한국에 돌아왔다. 공항에서 바로 캐리어를 들고 내가 근무하는 회사로 찾아왔다. 한잔 술로 그간의 회포를 풀며 소식을 들으니, 얼굴이 어두웠다. 일본에 다녀오니 강의 교수에서 연구교수로 밀려나게 되어 힘들게 됐다고 했다. 김점용 시인은 교수들만의 특이한 리그에 안착하질 못하고 겉돌다 배척당하는 상황이 되었다. 시인은 사회적 친화력도 없고 권모술수도 부리지 못하는 천상 시인이었기 때문이다. 세계 유수의 논문지에 실린 도시인문학 관련, 논문이 누락되어 불이익이 발생됐다고 했다. 한국에 돌아온 후 한동안 거대 집단인 모교와 법정 싸움에 돌입했다. 승소와 패소로 엎치락뒤치락하며 피를 말렸다. 그러나 그것은 희망 고문일 뿐, 끝내 김점용 시인의 의도대로 되지 않았다.

그사이 늦장가도 가고 행복이 가까이 있는 듯했다. 시간이 어느 정도 흐르고 또 다른 희망의 원천에 두레박을 던지려는 찰나, 신의 야속한 장난은 그를 그냥 두지 않았다. 첫 뇌종양 수술 전 그에게서 전화가 왔다. 수술하면 생명이 연장될 수 있고, 안 하면 한해를 넘기기 힘들다고 한다. 나는 당장 수술을 하라고 권했다. 어서 완쾌되어 놀러 가자고 했다. 김점용 시인은 이틀이 지난 후 첫 번째 뇌종양수술을 했다.

첫 번째 수술 후 어느 정도 회복되어 통영과 서울을 오가며 시 토론 강의를 진행했다. 그러나 몇 개월이 지난 후 상황이 안 좋아 감점용 시인의 고향인 통영에서 마지막 강의를 마치고 끝내기로 했다. 숲속 강의실에서 멀리 보이는 바다와 강하게 쏟아지던 빗속의 몽롱한 안개는 꿈속의 상징계처럼 흐릿했다. 어쩌면 내면의 깊은 우물에서 퍼 올리는 시적 묘사의 강렬한 이미지일지도 모른다. 짧은 두 시간의 시 토론을 마치고 장마가 시작되는 빗속을 지나 우리 일행은 통영 시내로 향했다. 선창가 사이로 난 시장 골목을 지나 바닷가에 서나 있을 법한 다찌집에 들어갔다. 온갖 해산물이 끊임없이 나오는 사이, 일행은 취하기도 전에 포만감을 느끼며 김점용 시인과의 지난 날 추억의 에피소드를 나누었다. 우리들은 2차로 개업한 가두리 술집에 갇혀 맥주와 소주를 번갈아 마시며 남쪽 나라 통영의 참맛을 즐겼다. 자정이 가까워져 오는 한산한 거리에서 몇몇은 숙소로 향하고 일부는 추억을 되새기려 불 꺼진 거리를 지나 김점용 시인과 예전에 들렀던 술집으로 향했다. "골목길 주막"은 일 년 전 그 자리 그대로 있고 술집 안에는 김점용 시인을 만나러 함께 내려왔던 시인 김보일 형의 기린 벽화와 시 「당신의 정의」가 술집의 한쪽 넓은 벽면에 그대로 남아 있었다. 그때 주막 쥔장은 벽화와 시를 보고 눈물 흘리며 말했다. "자신이 이곳에 있는 한, 이 넓은 공간의 벽면은 오늘 이후로 바뀌지 않을 거라" 다짐했다. 오랜만에 다시 보니 반갑고 감개무량했다.

　　두 번째 수술 후 김점용 시인은 뇌종양 수술을 하면서 시신경과 시각을 담당하는 뇌에 손상이 발생했다. 전문용어로는 동측[성]반맹(同側[性]半盲)이라고 한다. 시야의 왼쪽 혹은 오른쪽 절반에 장애가 있는 반맹이다. 예를 들어 100킬로 속도로 차를 타고 가면서 밖의 풍경을 볼 때처럼 풍경이나 이미지가 명확하지 않다고 한다. 그에 따라 예전에 없던 오타가 수시로 나오고 그걸 인지하지 못한다. 두 번의 뇌종양 수술에서 김점용 시인은 세상을 바라보는 이미지를 시각이 아니라 마음으로 담는 또 다른 눈을 갖게 됐다고 했다. 그는 그 고통 속에서도 물리적인 이미지를 뛰어넘어 정신세계를 들여다보려는 끊임없는 동력을 끌고 나갔다.

    그는 지금 병마와 싸우고 있다. 1차 뇌종양 수술에서 각성 상태로 8시간에 걸친 끔찍한 수술 경험을 들려준 적이 있다. 의사는 진부한 질문을 하고 친구는 답변하는 식으로 수술하면서 오른쪽 뇌에 번진 종양을 긁어내는 소리가 너무나 생생하게 들렸다고 한다. 첫 번째 수술 후, 몸의 절반이 움직이지 않는다는 사실은 긴 수술이 끝난 후에 알게 되었다고 했다. 그런 끔찍한 수술을 세 번이나 진행하며 몸은 급격히 마르고 고통스러운 상황으로 치닫고 있다. 상황이 좋지 않아 이제 걷지를 못해 누워만 있다. 음식이 자꾸 기도로 넘어가 입으로 먹지 못하고 코로 음식을 넣고 있다. 몸무게는 10kg이나 빠졌고 섬망증세가 간간이 나오고 있다. 의식은 있으나, 불규칙하게 인지능력이 떨어져 가족들 이름도 잊어버리기 일쑤다. 목소리 내기도 힘든지 알아듣기 힘들다. 이미 우뇌에서 좌뇌로 암이 퍼져서 인지능력은 점점 떨어져 마음을 더 아프게 한다. 언제나 그렇듯 김점용 시인은 제멋대로 왔다가 독자들의 걱정과 무관하게 사라질까 염려가 된다. 김점용 시인의 회복을 위해 한 편의 시로 친구의 회복을 빈다.

### 중력

시 토론 모임을 이끌어 오던 K시인이
2차 뇌종양 수술 후
악화된 증상의 회복을 위해
쫑파티 이후, 무기한 쉬기로 했네
함께했던 아름다운 시절만이
절실한 기억으로 남는 건 아닌 듯,
방귀가 오직 살아 있는 사람의
내장에서 만들어지는 가스인 것처럼
고통과 분노 허무를 공유하며
서로의 상처를 보듬는 시간이었네
K시인이 쓰러지거나 주저앉더라도
살아 있으므로 위안이 되었네
잠시 자리를 비운 사이,
바닥에 쓰러져 일어나려 안간힘 쓰는
K시인을 보았네
수시로 넘어지고 의지와 상관없이
끌어당기는 중력이 무섭게 느껴지는 순간,
시시포스 신화처럼 쉼 없이 넘어져도
또다시 일어설 날을 고대하네

**이철경**
2011년 목포문학상 평론 본상, 《발견》에 시, 2012년 《포엠포엠》에 평론을 발표하며 작품활동 시작. 시집 『단 한 명뿐인 세상의 모든 그녀』 『죽은 사회의 시인들』, 전자북 『더없이 투명한 블랙』 『한정판 인생』.

# 아름다운 작가

## 시

| | |
|---|---|
| 강옥매 | 김 명 |
| 김은희 | 김점용 |
| 김정운 | 나금숙 |
| 나병춘 | 문선정 |
| 안영희 | 유병욱 |
| 윤여설 | 윤인구 |
| 이가을 | 이도영 |
| 이사람 | 이수풀 |
| 이철경 | 임승모 |
| 임영희 | 임원혁 |
| 최한나 | 최호일 |

## 유리창이 영화를 상영하면서 외 3편

강옥매

영화관이라는 곳이
어떻게 생겼는지 까먹었다고요
기생충을 마지막으로

가죽 가방을 디자인하는 가게도
코로나로 문을 닫았네요
주인이 없는 틈을 타 저의 몸에 담은
영화 한 편을 감상하세요
태초의 시간으로 당신을 초대할게요

하늘에 뜬 하얀 구름은 유명 작가가
연출해 놓은 한바탕 울음이지요
오봉도를 닮은 산이 있기에
위로가 되지 않을까요
보이지 않고 들리지 않지만
작은 새가 있고 새의 노랫소리가 있을거예요

만월이 돼 떠있는 낮달로
허기진 당신의 마음을 채워드릴게요
움직이지 않는다고요

그럼 바람을 초빙해서 가로수를 흔들어 드릴게요
수백 개의 잎사귀가 흔들릴 때 상상을 해 보세요
상상은 곧 명화가 될 것이에요
자동차도 달리고 있으니 영 멈춰진 세상은 아닐 것예요

당신의 세포가 활발해질 때까지 난 계절마다
새롭게 치장하고 당신의 안식처가 돼 드릴게요
백신 같은 세상이 올 때 까지요

# 그 여자


금테 안경에 검정 챙모자를 쓰고 있었다
식물도감과 백과사전에서 금방 빠져나온 듯하다

콧방울은 익은 조롱박처럼 얄상하게 휘어져있고
햇볕에 그을린 얼굴은 잘 익은 오디처럼 곱디곱다
이마에도 입가에도 주름 이랑이라고는 보이지 않았다

하지만 태양을 우두둑 씹어 먹은 손은 말했다

관절로 휘어진 손가락,
골골이 주름지고 짧게 잘라진 손톱 밑에는
시커먼 흙이 들어앉아 자리를 잡았다
농사를 짓냐고 물었더니
집 뒤 텃밭을 가꾼다고 했다

허구한 날 집에만 있는 남편을 피해 나가는 곳,
텃밭은 애인이 됐다고 했다
여자의 탈출구는 서너 평 텃밭
흙을 만지고 노는 것이다

〉
다 키운 파를 도둑맞았다면서
그 자리에 또 미나리를 심는다고 했다

세월을 채반에 담아 심고 캐고 나누고 빼앗기며
구릿빛 얼굴로 미소 지으며 하늘바라기 하고 있다

## 거미

너는 흔들리는 해먹에 앉아 골몰한다
네가 뱉은 말들이 사금파리처럼 깨진다

바람은 어디서 불어오고
구름은 어디로 흘러가는가
느티나무 가지에 걸린
바람과 구름이 퍼덕거리고 있다
지금은 햇볕의 탄력이 말을 당기는 시간

늙은 어부가 그물을 던져놓고 기다리는 것처럼
첫 비행을 앞둔 매의 두근거림처럼
나도 해먹에 몸을 뉘이고
네가 오길 기다린다

똘똘 뭉친 말들의 식욕이
햇살 속에 탱탱하게 부풀어 오른다
어떤 각오가 파동처럼 몰려온다

## 비의 독서

비가 꼿꼿한 자세로 밤새도록 책을 읽는다
일 년치를 한꺼번에 다 읽으려는지
페이지의 분량들이 출렁댄다

메타세콰이어 나무가 써 놓은
잔잔한 잎들의 문장을 사그락사그락 읽고
잣나무가 펼쳐놓은 문장도 줄줄 읽어 내린다
먼저 내린 친구의 등을 토닥거리며
지붕 위의 글자들도 읽고 있다

 혹시 놓쳐버린 단어가 있지는 않을까
나뭇잎 뒷면까지도 샅샅이 읽고 있다

그칠 줄 모르는 너의 독서가 내 불면의
밤들을 쓸어내리고 있다

강옥매
2015년 《시에》 등단.
시집 『무지개는 색을 어디에 놓고 사라질까』.

# 누구세요 외 1편

김 명


누구세요 별빛이 아스름한데 누구세요
리모콘에 담긴 그녀는 새초롬하다
장대비는 별빛을 재우고 은비령 넘는 유리창엔
나무들이 쏟아낸 숲의 이야기가 재잘거린다
무슨 말이세요 형광등이 깜박거리는데 도대체 무슨 말이세요
잎사귀가 부딪힐 때마다 리모컨의 그녀가 힐끔거린다
사마귀가 코와 눈썹 사이에 날을 세우고 있다
귀찮은 듯 눈썹이 찌그러진다 빨간 입술은 흔들린다
에미는 지금 없다오 리모컨이 두근거린다

는적는적 잦아드는 빗방울이 잎사귀를 매만지고
낯선 사람의 전화는 낯선 길을 만든다
선한 별빛은 고개를 넘기 전 다가올 것이다
길은 낯선 곳을 찾는 목소리 따라 흐를 것이다
이 모든 게 제 탓이에요 리모컨이 바닥에 주저앉았다

리모컨에 누리장나무 열매가 뚝 뚝 떨어지고 있다

# 화장

아침마다 아내는 그림을 그린다
똑같은 크기의 여백에
숙달된 고수처럼
때로는 강열하게 때로는 수수하게
의미를 알 수 없지만
하루를 살면서 그보다 진지한 표정을 나는 본 적이 없다
그림 뒤에 감춰진 마음은 어떤 모습일까
가끔 아내가 긁는 바가지에 속이 상한 적이 있지만
온갖 시름 속에 뒹구는 내 껍데기를 벗어 놓으면
말없이 탈탈 털어서 빨래도 잘 한다
매일 밥상을 받을 때면 눈물 나도록 고마운 건
꽃같은 고운 손이 다 거칠어져도
한결같은 마음 보았기 때문이다
아침마다 새로운 창조를 위해 붓을 든
아내는 전문 화가이다

김 명
2009년 《시선》 등단.
시집 『잠실역 1번 출구 버스정류장』.

# 산행 외 2편

김은희


삐딱한 길을 오르며 삐딱하지 않게 살기 어렵지

숲으로 들어서면 비우며 걸어가라던
그 말을 잊어서
길 잃은 것도 모르고 또 오르지

단풍나무 아래서 물 한 모금 마시다가
하늘에서 쏟아지는 별들을 봐
꼭 단풍나무 아래서,

잊어버렸지

척하며 살다가 번지르르 덧칠하고
감정으로 쓰는지도 모를 감성 찾기를
'하루는 죽었다'
'하루는 살았다'를 반복하다 보면
산다는 게 '아'와 '어'의 차이라
틀린 게 아니라 다른 것이니
그 인생에 몰아넣지 말기

〉
그건 삐딱한 길을 숨이 턱에 차도록 오르고
내 죽은 감성들을 하나씩 주어오는
내리막길에서나 할 법한 생각이지.

## 포구나무 항구에서 돌아서기

꽃술 아리게 열리는 날엔
멍울꽃이 지고 사람도 진다.
피었다 지는 것에 익숙해져야 할 때
언 땅 들썩이는 허무를 딛고
해마다 싸늘한 세월이 가도
아롱아롱 그날은 또 오는가,
들판은 꽃 천지
눈에 박힌 얼굴들이 파도로 달려들면
아무리 깜빡여도 따끔거리는
소금의 결정체
수심의 깊이를 알기 전에
가슴의 깊이를 먼저 알아버려
마주치는 눈빛은 이제 피해야 했던
비릿하게 부서진 포말에 젖는 것보다
멀리 보이는 풍경이 조금 편해서 그랬다고,
그래서 그랬다고,

## 중력처럼 내려앉았다

서로 끌어안은 건 거품처럼 불어나는
화학반응이었다.
각자 갈 길이 다른 돌연변이가 향하는
오직 한 곳
안녕하세요.
여기서 또 뵙네요.
인사하며 모여드는 굴곡진 허리춤에서
그들은 살판나서 "야호"를 외쳤다.
원래 정상에 오르면 하늘이 노랗다.
노란 하늘을 등에 지고
운동장 열 바퀴!
송골송골 마지막까지 태워버린
내 저항은 하늘에 머물지 못하고
좋아서 죽겠다고 달라붙은 그들에겐
무의미한 이별 고하기
물만 마시고 난 5g 더 세상 속으로 스며든다.

김은희
2009년 《월더니스》 등단.

# 엘리베이터 앞에서 외 2편

김점용


이 엘리베이터 문은 한쪽만 열려야 한다
그도 몸이 불편한 사람
나와 같이 크고 둥근 휠체어를 타고 올 것이다

저 문이 열리면
검은 바퀴를 밀면서 내게로 올 것이다
그림자처럼 스르륵 와서 그대로 나의 절반이 되어 줄 것이다
문이 닫히기 전 순식간에
내 절반의 나쁜 몸을 가져가고
바로 된 그의 몸을 붙여놓을 것이다

그는 지금 막 수술실에서 나와 올라오고 있을 것이다
어쩌면 사진을 찍으러 내려오는지도 모른다
상관없다
나는 아무것도 모른다 몰라야 한다

어쨌든 그는 올 것이다
딩동! 소리가 울리면
주렁주렁 링거를 달고 하늘색 담요에 덮여
아무것도 모른 채

조용히 미끄러지듯 내게로 올 것이다

거울처럼 환하게
나를 비추는 저 은빛 엘리베이터
그러니까 양쪽으로 갈라지는 저 문은
반드시 한쪽만 열려야 한다

## 저 섬에 가려면

혜통은 눈을 감고 말이 없다
제 몸의 살을 죄 발라내는 중이다
바람과 파도가 누생을 바쳐 깎아낸 섬
저 섬에 가야 한다
가서 그대로 섬이 되어야 한다
합장한 채 바람과 파도의 벌을 받아야 한다
내가 잡아먹고 버렸던 수달의 뼈가
피 뚝뚝 흘리며 제 살던 굴로 가서
다섯 새끼를 안고 있었다니*
제사 때 입던 어머니 광목치마 한 필 뜯어
놋수저 한 벌
고무신 한 짝
삭발한 머리털 세 올
조심조심 보따리를 싸야 한다
피 냄새 풍기는 보따리를 메고
앙상한 뼈로 헤엄쳐 가야 한다
물새처럼 뼛속에 바람을 넣어
한밤의 물결을 타야 한다
그림자뿐인 저 무주공산 정수리에
살육의 손바닥으로 우물 하나 파야 한다

그 우물에 뜬 달을 타고
하늘 섬으로 올라야 한다

\* 삼국유사 혜통 이야기

# 뿔

저수지에 물이 꽉 찼다
뿔이 돋는다
꼴리는 날이다
배수로를 살펴야 한다

상류에 버려진 의자는
네 발 담근 채
햇살 바람살 맞으며 명상에 들었다
주인은 투명하게 몸을 비웠으되
바퀴마다 녹이 슬었다

배수로 옆 경사로에 세워진 화물트럭
커피 배달 여자가 운전사의 손을 잡고
무릎 각도를 최대한 꺾어 발판에 올라서려 안간힘이다
팽팽한 치마 속이
아슬아슬하다

트럭 뒷바퀴에 크고 단단한 뿔이 채워져 있다

김점용

1965년 경남 통영 출생. 1997년《문학과 사회》등단. 시집 『오늘 밤 잠들 곳이 마땅치 않다』『메롱메롱 은주』. 평론집『슬픔을 긍정하기까지』.《문예바다》편집주간.

## 굴뚝이 있는 뒤란 외 2편

김정운

굴뚝은 따스한 유년이다

굴뚝! 하고 되뇌면 연기가 감나무 우듬지를
넘어 느긋하게 퍼져가는 평온한 기운이 있다

굴뚝이 있는 자리는 뒤란을 두고 있어서
머위가 있고 맨드라미도 있고 말리는 곶감도 있고
황장목도 있는데
그 아래로 작은 샘물이 흐르고 있었다

셋째 언니가 굴뚝이 있는 뒤란에 서서
호두나무 열매를 한없이 올려다보던 곳
샘물에 담궈 놓은 오이를 한 입 베어 물면
그 향은 퍼져가는 연기 같다고 여겼다

무늬가 새겨져 있는 굴뚝은 전설같은 이야기가
숨어있을 거라 믿고
나의 비밀도 굴뚝에 새기면서 우리는 친구같은
사이라고 생각했다

〉
시험을 잘못 봤을 때 꾸지람을 들었을 때
굴뚝에 기대어 서보면
셋째 언니가 호두나무 열매를 올려다보는
이유를 알 것 같았다

굴뚝에서 나는 연기는 무엇이든 솥 안에서
끓고 있는 게 있다는 증표여서 따뜻한 것이다

## 피리소리

들판에 바람이 일어
보리밭으로 쏴– 밀려들면
보리는 서로 기대어 피리 소리를 냅니다

아이들은 소 잔등을 밀어놓고
풀잎을 뚝 따 입에 대고 불면
삐~삘리리 필리리 피리 소리로
해가 붉게 기웁니다

보드라운 바람도 뻐꾸기 소리도
부는 피리 소리 따라 모여들고
소방울 소리도 어우러져
두렁길이 꽉 찹니다

## 첫사랑

선도 없는 갱지공책에
삐뚤삐뚤 위태롭게 서있는 글씨
잘 써보겠다고 힘주면 어긋나서
공책이 찢어져 침발라 메우던 자리
서툴러서 찐한
바래진 공책을 선반에 밀쳐놓았는데
흐르는 바람이 코끝을
스치고 가네

김정운
경남 함안 출생. 1995년 《시대문학》 등단. 〈삼오문학〉 대상.
시집 『내가 사는 마을』 『바람은 그 언덕을 다듬으며 지나가고』 『저물도록 색칠만 하였네』.

## 사과나무 아래서 나 그대를 깨웠네* 외 4편

나금숙

사과나무 아래서 그대는 나를 깨웠네
나무 아래 사과들은 해거름에 찾아오는
젖먹이 길짐승들의 것
꿈에서 깨어도 사과나무는 여전히 사과
베이비박스 속의 어린 맨발은
분홍 발뒤꿈치를 덮어줘야 해
쪼그맣게 접은 메모지에
네 이름은 사과
그러나 이것은 사과가 아니다*
지을 때까지 지어보려는
파밀리아 성당처럼
사과들은 공간을 만들고
구석을 만들고
지하방을 만들고
삼대의 삼대 아비가 수결한 유언장 말미의 붓자국처럼
희미한 아우라를 만들고,
산고를 겪는 어미의 거친 숨결이
사과나무 가지 사이로
새로운 사과를 푸르게 푸르게 익혀가는 정오쯤
우리는 비대면을 위해 뒤집어쓴 모포를 널찍이 펼쳐서

하늘을 받는다 하늘의 심장을 받는다
이것은 사과가 아니다

\* 아가서 8장 5절 중에서 인용
\* 마그리트 그림 '이것은 파이프가 아니다'에서 변용

## 어떻게 그들은 자신들을 만났는가?*

갈대 돗자리를 짜고 있는 아낙 곁에서
화산석에 커피콩을 갈고 있는 남정 곁에서
웃는 거미가 묘한 표정을 하고 나타났다
숨는다
해주에서 열네 살에 내려와 일가를 이룬 형부가
한줄기 눈물을 흘리고 가신 것은
이 땅에서
아웃사이더가 되는 법을 익히지 못해서일까
호양나무가 하늘을 찌르는 고장에서
성벽에 붙이는 부고장처럼
인간에 대한 예의는 먼 땅 어딘가에 아직 남아 있다는데
평생 외로왔던 형부는 중환자실에서
치매노인으로 떠나가고
먼 나라에서 온 이주민들은
고국하늘로
눈동자 같은 열기구를 띄운다
밀랍 날개가 녹아내린다
이름도 예쁜 부룬디공화국에서 찾아 와
고생 끝에 빌라로 이사한 디디아빠 집에 가봤다
디디와 디디엄마는 입다 만 핑크재킷과 원피스에 환호했지만

책장에 꽂힌 히브리어 바이블은 웃지 않았다
불의 아들을 낳다가 타 죽는 여신처럼
모든 노마드에는
어떻게 자신을 만나는가?라는 뜨거운 질문
디디네 문간방에는 몇 달 전 도착하여 난산을 한
젊은 엄마가 산후조리를 하고 있었다
체격이 큰 남편은 인사를 하고 주방쪽으로 가 배낭에서 몇 개 안 되는 음식물들을
검디검은 손으로 꺼내놓았다
나는 지갑에 든 이만 원을 꺼내지 못하고 왔다

\* 로제티(1851~1860년 펜과 잉크) 그림 제목

## 거기에서 there

병원에서 외출 나와 맨 먼저 간 곳은
향료와 꿀
그리고 꽃이 많은 도시 여리고,
목소리애인을 찾으러 간다
바닷 속 비밀 구역에서
갓 잡아 올린 전복처럼
전화기 너머 너의 목소리는 통통 튀었지
침엽수림 적시는 바닷바람 소리,
호스피스 병동에서
임종 직전 불어주는 풀릇 소리,
땅에 머물지 않으려는 아기올빼미
나무 위로 치솟느라 날개치는 소리,
너의 목소리는

방울열매를 부리로 열어
정오를 꺼내 먹는다
하늘을 덮어 끝이 안보이는 삼나무애인
발목 없이 벌판을 걷는 안개애인들
늦봄 같은 그이들 만나러 나는
거기에 간다

〉
모두의 것은 누구의 것도 아니라지만
나는 지금 모두의 일부가 되고 싶어
바다에 떨어져 흔적이 없는 빗방울처럼.

## 변경의 구름들

네모난사과 삼각형사과 원뿔사과가 담긴

바닥 없는 둥근 갈대바구니를

뛰어가는 수생가젤이 발로 차서 엎어뜨린다
수생가젤은 잔잔한 물 위의 수련을 검은 마름을 건져먹는다

칠월부터 오월까지 눈이 오는 나라
시계가 항상 자정에 맞춰져 있는 나라로
몰려가는 바람들

여기서 이 바람을 마시면 언젠가 이 곳으로 되돌아온다고

믿고싶은 이들은
하루 한 번 언덕으로 나가
팔 벌려 바람을 마신다
구름을 배부르게 먹고
지붕 낮은 집으로 들어와 잠을 청한다
창을 열면

〉
자청비가 가슴을 내놓고 젖을 먹이는지
구름이 희게 희게 부풀어진다
집 떠난 사랑하는 자식을 위해
매일 빵을 굽는 할머니 같다

상 아래 저는 다리를 숨기고
소리 죽여 밥을 먹는 이들은
몰려가는 흰 구름을 보고 옛 언약을 떠 올린다
#3737# 392766
네게로 가는 비번을 다시 외워본다

## 메멘토 모리

죄책감이나 그리움이 약점이 될 수도 있어서

쫓기는 마음은 동굴 안에서 쉰다

빛조각처럼 내가 베어낸 당신의 옷자락과*

내가 들고 온 당신의 물병 하나

유리창에 쓴 안녕

맹그로브 우거진 숲을 지나가며 굽어본 물 속에

그의 푸른 얼굴 꼭 감은 눈

나와 당신의 약점들을

새벽이면 문설주에 헝겊을 꼬아 매달곤했다

바람이 불면 이리저리 흔들리며

그림자를 넓혔다

그 동굴에서 그 바닷가 숲에서

내가 보고 온 푸른 이마가

거짓잠을 깨운다

사랑도 죽음도 순간의 선택,

이름만 왕이라는 욕망도 미움도 거기서 잠든다

언제 깰지 모르는 얕은 잠을


\* 사무엘상 24장4절

나금숙
2000년 《현대시학》 등단.
시집 『레일라 바래다주기』 외 1권.

## 삼카라 외 2편

나병춘

골목길 구멍가게에 들렀다
미네랄워터,
한 병을 주문했다
이십 루피!
우리 돈으로 사백 원
동네 이름을 물었더니
'삼카라'라 한다

무슨 뜻이냐
다시 물었다
'씸플'(simple)이라고
수줍은 듯 대답하는
주인장의 눈망울이 해맑다

삼카라!
삼가하라!
단순한 곳에 길이 있다는,
소똥이 드문드문
말줄임표로 흩어진
흙담 둘러쳐진 골목에서

〉
하늘빛 환한
광천수를 마신다
여독으로 지친 속이
판공초 호수만큼 시원히게
뻥, 뚫린다

## 라다크 말, 줄래

줄래!
손 흔들면서
처음 본 사람에게도
오랜 이웃처럼 반가이 주고 받는다
별다른 장식도 수식 하나 없이
그냥 단순하게
줄래!

맨처음엔
무얼 줄 것인가
잠깐 어리둥절했지만서도
옹알이하다
처음 말 배우는 아이처럼
중얼중얼 외고 다녔다

옷가게나 망고를 파는
과일가게나
짜이*를 파는 아저씨도
그렇게 살가울 수가 없다

〉
줄래, 안 줄래?
따지는 법 하나 없이
손 흔들며
빙그레 미소지으며
줄래!
(안녕이라는 말)

이 세상에서 가장
허름한 사랑 한아름 품고 있는 토박이말
줄래!

## 슈꼬레아

카슈미르
스리나가르 호수
잘 생긴 청년과 말을 나눈다
고맙다는 말이
어떻게 되느냐 물으니
'슈 꼬레아'란다

슈 꼬레아?
우리나라 이름
꼬레아랑 매우 닮았다
슈 꼬레아
'고맙다'는 슈 꼬레아,

멀리 타국에 왔더니
더욱
고향 나라가 그립다
고마운 꼬레아
나의 모국어

**나병춘**
1994년 《시와시학》 등단. 시집으로 『새가 되는 연습』 『하루』 『어린왕자의 기억들』 『쉿!』 등이 있으며, 시선집으로 『자작나무 피아노』가 있음.

## 시절, 시험에 들지 말게 하옵시며 외 2편

문선정

몽파르나스 원예농장에 파란 눈의 애인을 두고 온
루나,
지적이고 예술적인 구름이 걸작이네요
잠속에서도 지워지는 얼굴, 저렇게 뜬구름 되었어요
라고 말한다
다리를 꼬고 팔짱을 끼고 백일홍 꽃무늬 붉은 입술로

이번 사랑도 실패라는 말인가?

날씨만으로도 버릇처럼 생각 나는 기억의 꼬리
단맛 짠맛 쓴맛 다 지나간 구닥다리 이야기를
경험으로 더듬으며
그녀의 최신식 연애를 미행한다

피에 굶주린 뱀파이어는 우울할 때마다 섹스 탓을 한다
연애는 피로 만들어진 농밀한 감정의 소모
와인만큼 달콤한 프랑스식 붉은 표현은 온몸이 노골적이고
당일 배송된 실크 원피스와 취소한 비행기 표만큼 우울하다
구름 한 장 짜리도 안 되는 그녀의 심각한 연애는
필요 이상의 비극적인 농담을 분석하는 것

〉
유령처럼 떠다니는 마스크가 주는
울적함을 기준으로
코로나만 없다면 불만 없을 역병의 시절에
루나는 시험에 든 죄인처럼 끙끙 앓는다
영화의 서사적인 프롤로그처럼
떠돌이 구름만 지나는 푸른 하늘 아래
아무 걱정 없는 꽃들만 평화롭다

## 눈물의 밑천

엄마,
생리대를 사러 왔는데
문득, 열여섯 앳된 계집애가 생각 나요
기다리고 있었다는 듯 그 애가 마주 다가와
우리는 한 가족인데
언니는 왜 먼 데 바닷가에 살았는지
엄마는 왜 언니를 따라갔는지
나도 엄마가 필요한데
내 몸에 처음 꽃 피우는 시기에
전보로 부친 눈물 엄마는 받기는 했느냐
아이는 재차 묻고

나는 생리대를 찾으러 다녀요

해결할 수 없는 속내를 동동거리다
아버지의 돈을 훔쳐 생리대를 사던 날
오빠는 사라진 돈의 행방을 다그쳐물었고
수치심으로 발등이 뜨겁게 젖던
그날, 엄마 없는 밥상에 둘러앉아
세상 맛없는 반찬을 슬쩍 밀어주던

아버지와 오빠와, 생애 가장 부끄러운
저녁 식사를 했는데
어린 몸통을 뚫고 밤새 곤비한 꽃을 피우던
이런 굴러다니는 기억도
눈물의 밑천인지는 모르겠으나
나는 왜 생리대의 기억을 거슬러 오르면
죽은 엄마에게 찰싹 달라붙어
물으나마나 한 말을 묻는지
눈물은 왜 핑 도는지

## 고양이 가면을 쓰고

밀서 같은 유서라도 써놓아야 할까
그때 까다로운 계절이 뜨거운 이마를 짚고 건널 때
病정들이 장기에 잠복하고 무섭게 쏘아대는
소총 기관총 곡사포의 총알받이로
면역세포가 죽어 갈 때
울고 싶지 않은 나는 고양이 가면을 쓰고
고양이나라의 계단에서 길을 잃었을 때,

신인가수가 티브를 타고 오더라

속절없는 세월 탓하지 말라는 호통에
나와 한 몸으로 말라 죽을 것 같은 주위가 환해지더라
트롯트란 새로운 음계를 따라
앞만 보고 뛰라는 명령에 용감해지더라
그러니까 病정들이 물러난 그 자리
구겨진 이불에 꽃이 수놓아지듯
개나리 찔레꽃 해당화 구절초가 만개하더라
쿨럭거리는 슬픔을 기쁨으로 표절한 노래는
고양이걸음 같은 눈물 냄새가 났지만
굽이굽이 눈물굽이 잘 꺾어 돌면 꼼지락꼼지락 살아지겠더라

아무래도 이 남자
날 울릴 남자는 아닐 거 같은
우연처럼 만난 우리 마음 열라는 이 남자 때문에
매일 다시 태어나는 것처럼 환하게 울고 있는
니는 매일 순진해지겠더라
나는 고양이 가면을 쓰고

문선정
경기 구리 출생.
2014년 《시에》 등단.
현)아름다운 작가 회장.

# 배경 외 3편

안영희

봄을 찾아 나섰다가
정작 돌아드는 우리 집 경사도로에서 터져 나오네
외마디 탄성이

세포 하나 남김 없는 꽃꽃꽃잎 폭죽
눈 멀 듯 화안한 벚꽃 몽환경에

구 도심 십 년 넘게 삭은 아파트단지가
화사 만개 꽃구름城에 묻혀 있네 그러나, 저 한 번 통렬의 절정에다
시골길 암 데서나 눌러댔던 카메라 셔터를
난 끝내 누르지 않네

어디로 앵글 잡아 봐도 껴들고 마는
잿빛 모서리, 자동차, 편의점의 색 간판, 태생적 배경을 두고
그 혼자 작품이 되지 못해

들어 올렸던 카메라 그만 내리며
쓰으윽~ 세상의 조명 비켜가 버리던 울음 묻은 슬픈 꽃,
아니 사람을 생각하네

## 뜨겁게 닦이네, 내 눈

핏줄에다 입에다
진통제 밀어 넣으며 견딘 병상 가까스로 풀려나와서

창호지 한 장만 한 3월의 햇살담벼락에 기대고
몸뚱일 부려놓다가
파르르르 우네 내 마음 깊은 음자리가

정전의 기인 터널 막 벗은,
하늘과 바람과 햇빛 부신 세상의 명도明度!

문 죄다 걸어 잠그고 불빛 가둬 친 커튼 밖 결빙의 바람받이에 유기했던
뒤란 허접데기 땅이 출산해 놓았네

소루쟁이 꽃다지 지칭게 점나도나물…**生은 죽음의 다음 계절이다,**
고 쓴 누추의 어미 초록편지를 읽으며
뜨겁게 닦이네 내 눈이

압박붕대로 동여 싼 한 발 허공으로 들고

## 무정물에게 포개다

커튼을 밀치자
만추의 절창을 어금니로  문 액자, 잠긴 유리창 앞에서 우르르
마음이 무너진다

가고, 가고, 다시 가는 사람의 연緣
등으로 치고 와서
나는 이곳에 집을 지었던가

한 해의 알밤 다 쳐 버리도록
잔디밭 아래 백일홍 마지막 한 송이마저 주저앉도록
오직 그 자리 절대부동 날 기다리고 선 우주 간에
작은 한 채

봄날 선홍의 만삭 철쭉에게 무심히 등짝 내어준
화강암 흰 바위벽 앞에서
그만 운 적이 있다

인적대신
 시나브로 신갈나무 굴참나무 잎사귀만 그치지 못하는 흐느낌으로 내리는

용문면 덕촌 언덕배기
완강한 검은 창틀의 무정물, 종신묵언에게 포갠다
내 마음 내출혈을

## 아라비아 여인

깊이 저문 한 사람과
늙은 개 한 마리 싣고 와서
먹통 燈, 설명서 한 쪽 없는 잠긴 문 앞에서
캄캄한 벽치기

물동이 이고 열사의 사막 홀로 헤매듯
혀가 갈리다가 술을 마셔 견디다가
웅크리고 고꾸라진 짐승

검푸른 사하라
밤의 껍질 막 떨친 언덕길 내려서자
바닥 금 가던 영혼의 물동이 일순에 넘실 만조로 채워오는
물 찬 초록 논배미
찰랑대는 햇살의 아침이 있었지
반짝대는 이슬눈물 너머

안영희 1990년 시집 『멀어지는 것은 아름답다』로 작품활동 시작. 시집 『물빛 창』 『그늘을 사는 법』 『가끔은 문 밖에서 바라볼 일이다』 『내 마음의 습지』 『어쩌자고 제비꽃』 등. 2005년 경인미술관에서 『흙과 불로 빚은 시』 - 도예개인전. 2020년 산문집 『슬픔이 익다』를 출간. 현)계간 《문예바다》 편집위원.

# 모눈종이 현상 외 4편

유병욱

계단 위에는 묻는 이가 있다
올라가려는데 어느 쪽으로 가야 합니까
모른다고 대답한다
계단은 깊이를 드러내지 않는다
계단은 자라고 있다
가로등과 멀어질수록 그림자는
돌아오지 못할 사각지대로 떠난다
그렇게 계단은 자란다

계단을 딛는다
뒤로 제쳐진 계단이 허물어진다
산란하는 마음 한 켠의 구덩이
빈 상자 같은 곳, 또 생기고, 또 생긴다
이쯤에서 이곳, 단에 앉는다
지나온 계단으로부터
앞으로의 나를 찾으려는 무한의 기도
계단은 구부러진다
계단은 너무나 쉽게 나를 학살한다
식은 발의 날빛이 지표 아래를 떠돈다
나는 미끄럼틀을 오르고

미끄럼틀 계단을 밟고 내려온다
하늘은 그 사이 붉게 변했을까
계단은 나를 비웃으며 자란다
계단은 나를 감싸며 자란다
수평은 접히는 계단이다
계단은 수평의 다른 이름이다

나는 계단과 계단의 사이에서만 나이다
풍경은 당신이 말한 것처럼 하나가 아니다
풍경이 풍경을 만나는 접선을 오리고 싶다

## 이상적인 가장 이상적인

1
내가 배경으로부터 분리된 시간이 수많이 숨어있다
현상된 필름을 이어붙이면 내가 없다
언제부터 나는 배제되었을까
그건 문득문득 찾아오는 배경의 의구심이다
나를 일 자로 세우고 다리, 팔, 머리를 돌려보지만
촬영시간은 뒤로 미루어진다
상영시간은 다가온다

2
왼쪽과 오른쪽 중 하나가 당기고 있다
개의 산책과 닮았다
둥근 사과나무 언덕을 오른다
언덕이 발 밑에서 수축한다

해가 만든 장막이 궤도를 절단시킨 후
질질 끌려가지 않는다

나무에는 둥근 귀걸이가 많은데, 그들의 귀는 없다

〉
사과가 일광욕을 하면서 활짝 웃는다
입이 바싹 마르더니 말이 썪는다


3
개가 풀려나고 있다
사람이 풀려나고 있다
그들이 함께 거리를 활보한다

## 그가 다가옵니다

나는 그을린 자두를 꿀꺽꿀꺽 삼킵니다
발밑의 사다리는 졸고 있습니다
우린 많이 떨어져있던 날을 잊습니다
그의 그을린 얼굴은 읽을 수 없습니다

우린 다시 많이 떨어져 있을 것입니다
부재 중인 마당은 건조하지 않습니다

그의 걸음에 리듬이 올라타 있습니다
땅을 닿고, 떨어지는 순환에 거리가 열립니다
돌멩이가 굴러 대문을 칩니다

그가 계신 틀에서는 부패하기 쉬운 시간이 익어 가고, 이 흐름이 단단한 뼈대를 완성합니다

하나를 고대하는 사람의 낡은 웃음에 웃음으로 답하는 사람들이 있습니다
나는 울음을 핑계 삼아 그들을 삭제합니다

그림이 없던 대문을 두드린 흔적들이 떠나가고, 콘크리트 틈새로

자란 풀의 나지막한 음성이 의지를 잃은 바람에 기대어 들려옵니다
 개나리 울타리를 비집고 들어오는 빛의 줄기에 맺히지 못한 차갑디 차가운 음성으로

 부재 중인 마당은 없습니다
 우린 다시 멀리 떨어져 있을 뿐입니다

## 연속극

그는 무엇을 얻기 위해 어떤 줄을 따라 서있다
수시로 엉키고, 결국 줄에도 길에도 감금된다

지극히 정상적으로 전철의 차창을 튕겨나간다
몰래 한 일이지만 누구나 알고 있다
안으로 돌아오자마자 다시 튕겨나간다

태양의 불이 피어오르고 매순간 증명사진을 다시 찍는다
사진을 삭제한 적은 단 한 번도 없다

하루의 반품량이 참 빨리 부풀어 오른다
촉수처럼 바늘이 돋는다
물리적으로 그를 쫓는 비극은 언제나 서툴며 분수와 닮지 않은 건 행운이다
소극의 뒷면에서는 흉기가 솟는다
실은 물 위에 부유하는 찌꺼기 같은 것이다

비로서 총을 든 자의 두려움에 근접한 신사,
장전이 포기된 총의 쓰임새는 화려하다

＞
입 속을 차지한 치약이 그를 뱉는다
열을 흐트리지 않은 개미들이 발 옆을 지나간다

# 문턱

그는 시간을 제작하여 침전시킨다
배회와 고요의 동등성이 깊이 습득되었다
당신은 그의 골목을 지나가고,
그는 어슬렁거리며 당신 눈동자의 끄트머리를 스친다
그를 중심으로 갈리는 두 영역의 의미가 전환된다
당신에게 사소한 장애물인 그는 꿈을 꾼다
바닥 만큼 낮거나, 천장 만큼 높아지는,
그것이 꿈으로만 머물어 그는 당신을 배반하지 못한다
당신은 영원히 그를 빗겨 간다

유병욱
2017년 《희망봉광장》 등단.

# 지하철역에서 · 2 외 2편

윤여설

— MINISKIRT

한여름은 사우나탕
여인 셋이 벤치에
앉아 열차를 기다린다
여인 하나는 부채질을 하고
한 여인은 땀을 닦으며
다른 여인은 옷을 추적거린다
맞바래기 나
보기만 해도
시원한
꼭 청량음료 마신 듯한
여섯 줄기 폭포
저 부서져 내리는 찬란한 물결
가끔 폭포 아래 들어가고 싶어진다

## 움직이는 계단

지하철 출근길 밀물같이
신고 에스컬레이터는 바빠

    올    내
    라    려
    가    오
    고    고

콘크리트 같은 얼굴로
교차하는 시민들
먹이를 노리는 매다

칸막이가 설치될까 두렵다
웃을 수도 있을 텐데

# 레일

그것은 고통이었다
같이 산다는 것은 신의 곰살갑지 않은
원한이었다

同情일까 童貞일까
한 집에 발목잡혀
낙없는 고통 머리에 이고
서로 마주보고 웃고 위로해도
손목 한 번 잡을 수 없는 사랑

지켜야 할 순결은
만날 수 없는 부부의
고통이 만든
안전운행

내가 지금 누워 있는 것은
누구 때문일까

견우와 직녀도 칠석날은
오작교를 건넌다는데

서러워 정답구나

윤여설
충남 연무 출생.
《시문학》 등단.
시집 『아름다운 어둠』 『문자메세지』 『푸른 엄지족』

## 어떤 의식에 대한 성찰 외 2편

윤인구

지루한 시간
꼬부라진 할매가 유모차를 밀고
횡단보도를 건너가고 있다
여자가 떨어진 속눈썹을 다시 붙이고
겨드랑이에 라벤더 향수를 뿌린다
중년의 사내는 작은 우물이 있는 정원에
오동나무 한 그루를 심었다
셀러리맨이 넥타이를 풀었다 조이고
불안하던 주가는 상한선을 찍는다
길거리 아웃도어 얼굴 없는 마네킹
반값에 그늘진 허기를 매다는 오후의 일상
가로수 그림자 키가 한 뼘 정도 자란다
속 터지게 느린 속도로 밀고 가는 할매의 사열식
경건하게 바른 자세로 예의를 다하는 선수들
자장면 배달 오토바이가
대각선으로 적막을 가르자
다시 게거품을 물고
질주가 시작된다

## 통돌이 세탁기가 돌아가는 시간

일주일 돌아가고
하루 쉬는 일요일
일주일 침묵하고
하루 돌아가는 세탁기
문지방 넘어 1시간 29분 30초
허물어지지 않는 침묵의 경계
식어가는 커피 한 잔
타임 오 굿 굿 타임 웨어 디즈 유 고
글렌 캠벨 덧없이 흘러간 시간 들
무슨 말 못 할 사연이 있는 걸 까
오래된 슬픔처럼 혼자 돌아가는 세탁기
넘기지 못한 달력은 아직도 화창한 오월
병들어 남양으로 내려간 친구는
봄이 다 지나가도 소식이 없다
지구는 쉬지 않고 돌아가고 있는 걸 까
갈수록 멀어지는 지구와 나 사이
남아있는 날들이야 어떻게 견디겠지만
지나간 날들의 슬픔에 대해 도무지 방법이 없다
간단히 종료를 알리는 벨이 울리고
다시 깊은 침묵에 드는 세탁기

# 낙화

꽃을 보러 수미사에 갔다
꽃은 이미 지고 적막했다
마당을 쓰는 노스님
쓸쓸한 풍경소리
누가 오고 누가 가는지
노스님은 그런 게 한 번도 궁금한 적 없다
손님처럼 꽃도 왔다 간다
절에 있으면 돌도 부처다
꼼짝않고 천 년을 기다리는 그리움이 있다
그리움 때문에 꽃은 피고
그리움 때문에 꽃은 진다
언제 우리가 그리워했는지 아득하다
그대 꽃이 진다고 기별하지 마라
나는 오월에 실연한 젊은이처럼
돌부처 옆에 퍼질러 앉아
다시 꽃이 필 때까지
기다릴 참이다

윤인구
충남 예산 출생.
시집 『어느 날 자정 무렵에 던지는 우문』 『일요일은 축복처럼 국수를 먹자』.

# 두 개의 달을 위한 엘레지 외 2편

이가을


S#1
열엿새 만월이 구름장을 열고

산중턱을 지나 둑방을 지나 서걱서걱 옥수수밭
흔들리는 밤바람에 요람 타고
농로를 지나 사립문 열면 마당이다

툇마루에 앉은 여자
드러난다 천천히 눈에 들어가는 달빛

S#2
흐르고, 여자의 밭고랑처럼 골 깊고
어둔 이마가 환해

"잘 왔어야 올 줄 알았당께 그때도 이렇게 왔어야
열달 동안 달이 차서 몸이 청청하고 환하지 않았냐?
만월에 집안팎이랑 동네꺼정 환했지라, 그려,
니가 어디 안 가재 십육년 전 너를 끌고 갔던
그날도 안 그랬냐

〉
길바닥에서 죽어 간담시러 달려 가니께
머리에 핏물들고 나자빠진 걸 보았는디
머리 위에서 글씨, 꽉찬 만월이 내려다보는 것이재
가슴이 철렁 내려앉았는디
글씨, 네가 요로콤 시퍼러이 눈 뜨고 달빛을 보는디
달빛이 너를 슬몃 덮었던 것이재

그때 달의 몸피를 쓴 걸 알았재 그려, 원래 달이었응께
시상을 비추는 달이 되고 싶었응께
그날 일도 세상을 밝혀보자고 벌인 일잉께
아따, 달도 밝다 밝다, 하고 덩실덩실 춤꺼정 추었당께

―5·18 추모 공연

## 콩나물 국밥


이 동네 이사와서 발 들여선 첫 집
국밥 냄새에 골목이 환했네
달빛이 노란 은행잎을 물들이는
동안에

밥 뚝배기에 노랗게 머리 올린
콩나물 대가리들 빳빳하니
그래, 입맛 순한 게 콩나물인데

후루룩 말아 먹은 한 술 국밥에
주먹만한 깍두기 붉은 코
당신이 겹치네

끓어오르는 뚝배기 같아서
뜨건 국물처럼
안으로 삭힐 줄 모르는 당신
얼마나 더 붉어져야 할까

그 시절 어머니는 가난한 풍로를 돌려
파란 불꽃 파르라니 떨어

〉
허구헌날 욕쟁이 아버지의 술국 끓이는
어머니처럼
나도 콩나물국 끓이는데
보글보글- 속 끓는 소리

당신이 양은냄비처럼
달아오르면
화기의 점정, 맹독처럼 격렬해질까

혼자서 국밥을 말아 먹는 아침
고요해 닭은 울지 않았어

## 나무의 잠

발목이 아프도록
담장을 지키고 있는 나무는
집과 주인장을 닮았다

손녀부터 조부까지
얼굴이 담겼다

담장을 사이에 두고
나무와 집의 긴 대화는 백년의
역사,
오랜 족보이다

이빨 빠진 늙은이처럼 나무의 말이
쉭쉭- 소리를 낸다
관절이 서걱거린다

발 묶인 무기수처럼
나무의 일생은
휴무가 없는 노동이었다

〉
밑동을 남기고 갑자기 사라져간
어린 나무도 있다

잠을 자러 간다, 는 말

긴 생애의 마지막 인사였을 것이다

나보다 오래된 나무의 생애를
만져보는 것

하루의 햇빛이
나무의 어깨에서 흘러내릴 때

내내 늙은 나무와 교류 중이었다

이가을
1998년 《현대시학》 등단.
동시집 『예수님 귀가 자라요』.
시집 『슈퍼로 간 늑대들』 외.

## 강구항 외 4편

이도영


수다하다
이목구비를 지우고 나서 더욱 그러하다
이렇게 사랑스런 원형동물을
이렇게 섬세한 단세포를

고약한 임금님이 밤마다 들으면 좋겠다
천 일을 넘어 만 일의 밤을 지새우고도 모자라
이제 너와 결혼할 수밖에 없겠다

너는 입 다물고 훠이훠이 손사래만 치고 있다
하늘과 땅 사이에
드나드는 햇빛의 나날을
저기 하나의 지퍼로 채워버리는
선분이 있다

열쇠 문양의 산봉우리가 내려와
너의 말문을 열다 못해
되돌아서서 잔등을 보이고 섰다

너의 수다스럽잖은 수다한 가슴이

아침의 빗장을
연다
또 연다
번성하는 황국이 금빛이다
아버지가 태어났고
아버지가 태어났다
가까이 영덕과 영해와 축산이
5일장으로 소집된다
징집령만큼 강한 포물선이다

## 비 오는 날의 택배

주최측은 난폭하다
곧 도착할 거라는 긴급연락을 해온다

프레스에 잘려나간 허벅지가
허벅지 밑에 패키지로 엮여있던 장단지가
장단지에 매달려있던 발이
발 끝에 잎사귀로 열렸던 발가락들이
사람의 말을 한다

버려진 도가니뼈들이 제 부속품을 데리고
쓰레기통을 뛰쳐나와
'내 다리 내놔'
양귀비도 달래주지 못하는 통증을 이어 놓는다

제 스스로 걸어오지 못 하고
빗줄기에 탑승해서
잠입하는 소식이
낭만적이다
그래서 아프다

〉
장기결석으로 치워버린 책상처럼
주최측의 횡포는
서성거리게 한다

와글거리는 결승선에
젊은 남자의 젖은 발이 들어온다
젖은 머리가 들어온다
젖은 몸이 말린 과일과 말린 물고기들을
데리고 온다

광장에 놔두면
찾아오고 싶었다

# 사본 1, 2, 3 …

어제를 닮아
오늘에는 없는 비물질이라
마음 놓고 있었다

그러나 너에게는 시각과 시간
자체가 없이
늘 젊고 푸르렀다

그러나
낙후된 공장에서는 쉴 새 없이 스파크가 일었고
나의 머리카락에는 계속 정전기가 따라 붙었다
폭발의 위험이 붙어 다니는 사이

너는 각광을 받으며
채무는 내게로 넘기는 재주를 부렸다

품질과 분량에 밀려
대외적인 활동을 빼앗기고는
난 겨우 눈을 흘겼다

&gt;
그래 영원히 살아라
죽지 않는 반복을 살아라

# 코로나19

오랜 시간 모른 척했더니
2차 가해라나?
이것들이 뵈는 게 없어
자, 그렇담 이제 초야권을 행사하겠어!
모두 줄을 서라
너를 사랑해서 독이 올랐다
이제 영토 확장을 시작하겠어
나의 장원의 울타리에 있음을 감사하라
나는 중세의 영주시다
그러니 살아 남아라
치솟아 오르는 독은 열을 뿜더라
그 열은 이해해야 해
물리적인 운동들은 에너지를 필요로 하니까
나의 사랑에게 왕관을 씌워주고 어여뻐함이라

왕관은 가까이 하기에 위험한 요소가 있지
귀엣말을 할 수 없는 불문율이 있지
그러므로 적당히 바라보자
그러므로 적당히 그리워하자
그리고 입 다물고 있어 보자

대문에 피를 바를까
팥죽을 뿌릴까나

우리는 서로를 침략하여
지배를 당하고
갇혀서
이러지도 저러지도

# 아들 5

나 죽어서
그 시신의 주인이니

나 태어날 때
내 의사와 무관했듯이
춥거나 더운 어느 날
방문을 열어 놓은 채
나가 버리게 될
긴 외출에
빗장을 걸어줄
아이야

이도영
시집 『그 수락산』.

## 국화꽃 향기 외 3편

이사람

질펀한 바닥엔 타다 남은 연탄재들이
들이친 진눈깨비에
보그르르 하얀 잔기침을 해대며 어둠을 갉아먹고
분홍 다라이엔 발아를 꿈꾸던 아픈 반죽

매캐한 카바이드 불빛이
먹먹한 밤바다에 집어등처럼 켜지면
구수한 국화꽃 향기
바람에 철길을 건너 고개 말랭이까지 날려 왔지

뜨겁게 국화꽃을 피우던 당신의 손은
온종일 주머니 속에서 과묵했지
손은 무엇을 찾으러
틈만 나면 아득한 주머니 속으로 떠났던 것일까
드 르 륵 철컥 텅
드 르 륵 철컥 텅
벌어진 꽃망울 뒤집는 소리

이파리 하나 없는
짓무른 국화꽃 한 다발을 손목에 걸고

돌아오며 주머니를 뒤적거리면
언제나 벌어진 슬픔과 슬픔 사이를 깁던
잦은 바느질과의 조우

식이비린 방구들 아랫목엔
새벽 살얼음 핀 찬물에 빨아 펴 널어둔 붉은색 내복이
언 노을처럼 꿉꿉하게 지고 있었지

까맣게 죽은 발톱을 깎는 소란스러운 밤,
결로가 서립게 낀 벽에
부러진 목책 같은 긴 목을 꺾고 누워
주머니 속을 더듬거리면
우묵하게 만져진다
끌어와 자꾸만 덮어주던 당신의 손

## 아직도, 우리는

더는 초라할 것도 없는 포장마차에서
빗물을 술잔에 타 마시다
나의 혀가 너무 쉽게 말을 놓치고만 저녁

어머니를 요양원에 보내야 했기 때문이었을까
너무 이른 가을비 때문이었을까
이도 저도 아니었다면
허물을 벗어버린 나 때문이었을까

빗물받이 통에서
이 빠진 삽날 같은 흙 묻은 손을 씻고
일당으로 받아 온
젖은 만 원짜리 몇 장을
노을에 돌돌 말아 내 손에 쥐어주던

집 앞 고개말랭이, 그때의
우리는 아직도 그곳을 내려오지 못하여
그래서 차마
오늘도 노을이 지고만 있는

＞
내가 여물지 못했음을 안다

자리를 박차고 일어서 나오는 대신
버스를 기다리는 형에게
쓰고 온 우산이라도 손에 쥐어줬어야 했다

## 공중전화

체온이 닿지 않아
과묵한 주황색 거북의 입과 귀를 걸고
깊은 골목에서 기다리는

수화기를 들어주면
두근두근
속삭여줄 것만 같은데
먼저 걸지 않으면 아무도 받아주지 않는

일곱 개의 숫자가
반복되는 기다림의 순서처럼 다 돌아야
철컥 건너오던 목소리

우주의 저녁, 먼 건너편 어디에선가
잘 지내지
밥 잘 챙겨 먹고
너무 애쓰지 마
고무줄 같던 당부의 말들

비 오는 날이면

말을 더듬는 라디오 DJ의 목소리처럼
늦은 안부를 물어줄 것 같은데

이젠 넣을 곳이 없어
오래전에 차마 다 쓰지 못한 동전을
전화기 옆에 그냥 두고 온다

## 지난 사랑

채 마르지 못한 겹옷을 껴입고
돌아오는 길

자잘한 생각들이
도깨비 풀처럼 옷소매에 들러붙었다

문득, 그건 미련일 거라 생각해
단단한 바위에
씨앗처럼 묻어두기로 했다

채에 거른 볕도 주고
뜸한 빗물도 주고
그래도 썩어 문드러지지는 말라고
들썩거리는 바람도 주었다

늦가을 꽃들이
언 땅속으로 다 묻히고 난 후에야
그래도 미안은 했는지
이른 새벽에 눈꽃이 피었다

**이사람**

2013년 《시산맥》 등단. 2014년 『동양일보』 신춘문예 동화 당선. 2016년 『매일신문』 신춘문예 동시 당선. 동시집 『아빠는 쿠쿠 기관사』 그림동화책 『새들의 세탁소』. 현)광영고등학교 근무.

# 하나님 나의 하나님 외 2편

이수풀

지금 당장 하나님 나의 하나님 내 앞에 나타나면 어떻게 될까?
주전자며 책상 위 파란 털의 고양이 태평양과 토마토는 그렇다 치더라도
나는 어떻게 될까?
무릎도 꿇기 전 사방팔방 흩어져 날아가겠지
느닷없이 이정표 없는 밤을 만난 눈은 더듬적거리겠지
음악도 없는 어디 그뿐, 느리고 기우뚱거리는 우주를 귀는 깜깜하게 허우적거리겠지
지금 몇 시? 여긴 어디쯤
내 애인은? 별에게 물으면 (거기선 별이 아니겠지만) 웬 먼지?
나를 털어 내겠지 그러니 제발 하나님 나의 하나님,
날마다 부활하는 장미를 닮지 마셔요.
구름 속 수요일, 비행기를 위하여 떨어지는 꽃잎을 위하여
사과 춤을 추고 싶어요. 엇둘 엇둘,
걷다 뛰다 핑그르르 돌다 쓰러져 잠들고 싶어요.
하나님 나의 하나님 나라에 가고 싶어요.
주황색 맨틀 속은 따뜻하겠지요.
오늘은 축제일 사과나무 한 그루 심어 봉헌하오니,
기뻐 받으시고 내 머리 위에 안수해주셔요.
우리 모두의 건강과 안녕을 아들들의 대학 합격을,

보름달 속 얼룩무늬 암호로 기록되어 있는 하나님,
나의 하나님,
하늘과 발을 나무로 묶어주시고 심심할 때마다
아기새를 날려주시는 아무도 모르는 하나님
나의 하나님, 영원히 땅속에 묻혀 계시소서

## 뭔지 모를 그 무엇인가

혹시 저를 기다리셨나요
연분홍 떼로 몰려온 어여쁜 꽃잎, 아니다 돌려보내고
달콤하도록 단단한 까만 정장의 열매, 아니다 돌려보내고
수시로 품을 파고드는 동고비 딱새 돌려보내고
당신을 위해서라면 이 한 몸 바치겠습니다
무장한 잎사귀 죄다 돌려보내고

뭔지 모를 그 무엇인가를 기다리고 있다

기다림이 무엇인가 모르니 망정이지
수소문이라도 해 알아냈더라면
뿌리채 뽑아들고 벌써 길을 떠났을 것이다
어느 날 문득
이거다 싶을 만큼 확실하게 흡족한 그 뭔가가
나를 찾아온다면
그날로 목 놓아 죽어버릴 것이다
해마다 갖은 풍상 견디며 속이 까맣도록
살아낼 수 있는 힘은
뭔지 모를 그 무엇인가를
행여 자리를 비운 사이 찾아올까봐

한 자리에 서성거리며 기다리기 때문이다

봐라 나무들은 그 뭔가를 서로 묻고 답하기에
적당한 사이를 두고 있지 않던가
숲을 이루고 있지 않던가
막막한 그 막연함으로

# 이력서

아니오 나는 산이요 어떻게 그렇게 매일

아니오 나는 골짜기요 울 수 있느냐고

아니오 나는 절간이요 그럼 얘기하겠지

아니오 나는 풍경이요 웃을 수 있느냐고

아니오 나는 물고기요 비늘이요

아니오 아니오 나는 비늘 속 가시오 웬 갈빗대냐고

아니오 나는 만개한 찔레꽃이요

내 이력서니까 괜히 빨간 펜으로 밑줄 긋지 말고
함부로 찢지 마시길

이수풀
2006년 《현대시학》 등단.
베란다에 《반달꽃밭》을 가꾸면서 풀꽃들과 즐겁게 지냄.

# 싱글 대디 외 2편

이철경

소나기 쏟아지는 날이었나
빗소리 들으며 취해 가던 밤,
거나하게 취한 친구를 택시에 태워 보내고
보슬비 내리는 골목을 홀로 걸었네
시나브로 빗방울 굵어져
처마 밑에 쭈그리고 앉아
오는 비 그치기만 기다렸네
기다려도 오지 않을 그녀는 오간 데 없고
굵어진 빗방울은 폭우로 변했네
우산도 없이 비에 젖은
처지를 생각하니
우울이 비처럼 스며들며 눈가를 적시네
인적이 드문 밤, 홀로 서러이 어깨를 들썩이다
우산 들고 마중 나온 둘째 딸이
처마 밑에 주저앉은 아비를 보았네
늦은 밤, 처음으로 아비의 들썩이는 어깨를
일으켜 세우며 함께 소리 없이 흐느끼던
늦가을 비 내리는 귀갓길

# 1984* 속편

감시자 빅 브라더 로봇은
인간 위에 군림하여 2084년 5월
계엄령으로 오세아니아 시민의 집단 사살 명령한다.
핏빛 노을 진 가로등 위
페퍼 포그에 실신한 비둘기가 대로변에 떨어지자,
총부리에 착검된 날카로운 대검에 찔려 피가 솟구치거나
계엄군 로봇 군홧발에 짓이겨 터진 창자가 드러나거나
학살 지시에 장갑차에 깔려 죽거나
총탄에 날아간 팔뚝이 저만치서 신음하거나
헬기에서 기총 난사 총알에 픽픽 쓰러지거나
무자비한 곤봉으로 내리친 두개골이 부서진 채
해가 지도록 아비규환이었다.
빅 브라더 로봇군은 기록에도 없는
무연고자로 분류되는 민주시민 시신을
어디론가 끌고 가 암매장하고
훼손하고 태우고 저수지에 버렸다는 소문이 파다했다.
온갖 악행을 저지르고 발뺌하는 빅 브라더,
국가 폭력을 당한 증인들은
대명천지 천인공노한 집단 살해를
극악무도한 만행을 백 년이 흘러도 잊지 못한다

살아남은 자들에게 선량한 시민을 빨갱이로 몰아
네트워크 시스템 감시로 영혼을 황폐하게 억압한다.

\* 조지 오웰의 디스토피아 소설 『1984』

## 일용할 양식

집단 농장 같은 강제수용소에서
종일 일하다 허기진 한 끼로 배를 채우며
행복을 느낀 적이 있다
그 알량한 음식물이 흘러 들어가면
고단과 나른함에 잠들어도 좋았다
칠흑같이 캄캄한 비 오는 새벽
홀로 아궁이에 왕겨를 넣고
연신 풍로에 풀무질을 해야만 했다
어느 날은 왕겨가 비에 젖어
불이 붙다가 불씨는 꺼져 버렸다
일곱 살 어린 소년은 풀무질하다,
잔혹동화 이야기처럼 깊은 잠에 빠져들었다
그날 아침, 수십 명의 일용할 양식은
강냉이 상태 그대로였다
비가 내리는 아침에도
별이 보인다는 걸 그때 처음 알았다

이철경
2011년 목포문학상 평론 본상, 《발견》에 시, 2012년 《포엠포엠》에 평론을 발표하며 작품활동 시작. 시집 『단 한 명뿐인 세상의 모든 그녀』 『죽은 사회의 시인들』, 전자북 『더없이 투명한 블랙』 『한정판 인생』.

## 사랑은 옛말 외 2편

임성용


내 눈에는 하늘이 전부 담겨 있습니다.
별과 헤어진 별
희슥한 저 별
사랑은 옛말
옛날이 돌아오다 멈추는 곳

모든 죽음은 복통처럼 늘 거기 있었고
인간은 너무 늦게 웁니다.
방울소리가 들리는 저녁
식탁을 끌고 밖으로 나가는 사람들
그래도 아이를 낳아 죽입니다.

## 죄송한 슬픔

한강에 투신해 자살한 철거민은
가방 하나가 전부였다.

그동안 아빠 말을 안 들어 죄송하다.
나는 엄마하고 있는 게 더 좋다.
우리 가족은 영원히 함께 할 것이기에 슬프지 않다.

집주인께!
마지막 집세와 공과금입니다.
정말 죄송합니다.

아내와 돈 1만 원 때문에 싸우다 생후 45일 된 아이가 던져졌다.
아이는 당시 엄마의 모유를 먹고 있었다.
경찰에서 아빠는 이렇게 진술했다.
"베개 위로 던지려 했는데 베개와 맞닿은 벽 쪽으로 던져 버렸다."

네 손톱을 주워 들고 걸어가는 햇빛,
돌아보면 반쯤 감은 낯익은 눈빛,
너무 큰 죄송함을 맡겨 슬프지 않다.

# 또 다른 방

당신이 보고 싶다고 해서 일찍 집에 왔다.
내 얼굴을 묵묵히 바라보며 말이 없는 당신,
거실에는 텔레비젼이 켜져 있었다.
당신은 아무 일도 없다는 듯이 베란다로 나갔다.
베란다 건너편 또 다른 방으로
늘상 하던 습관처럼 그 방을 향해 발을 내딛었다.
마치 오랜 연습이라도 해온 것처럼
몸이 한 바퀴 휘익 돌고 사라졌다.
아이들은 텔레비젼을 보고 있었다.

매일같이 아이들의 아침밥을 차리던 당신,
웬일인지 일어나지 않았다.
어제도 늦게까지 일하고 와서 피곤한가?
큰 아이가 당신 방문을 열어보았다.
당신은 엎드려 누워 있었다.
이미 당신 몸이 또 다른 방에서 뻣뻣하게 굳어 있었다.

**임성용**
전남 보성 출생.
〈전태일문학상〉 수상. 시집 『하늘 공장』 『풀타임』 『흐린 저녁의 말들』. 산문집 『뜨거운 휴식』.

# 호작질하다 외 4편

임영희

　장맛비가 질금거린다  아우내 장터의 독립만세 함성을 들었는지 집 주변으로 잡초들이 들불처럼 번지고 있다

　사방이 약속이나 한 것처럼 우중충하다

　빛을 잃은 옷가지를 펼쳐놓고 물감을 풀었다 채송화 몇 포기와 해바라기를 심었더니 내 손끝에서 환한 꽃이 피어났다 내 아이가 모자라도 사랑스러운 건 살짝 감정선을 비틀어 놓은 하느님의 은총이다
　누런 얼룩 위에 해바라기 한 포기를 마저 심었다 태양이 둥실 떠오르니 우기에 절었던 집안도 덩달아 환하다

## 외사랑

라일락 향기처럼
스며든 사람이
내 가슴에
둥지를 틀었다
그대를 맘속에
가둬놓고도
매순간 나는
그대 때문에
홀로 야위고 있다

## 풍경 소리

산사 주변에서
허리 굽은 노송과
거센 바람이 부딪혀
파도가 일었다
쏴아 철썩철썩
법당의 촛불은
가물거리는데
처마 끝에 매달려
놀란 붕어 한 마리
발탄강아지처럼
이리 뛰고 저리 뛰며
쇠 종을 두드렸다

쨍그랑
쨍그랑

## 설거지하는 남자

남자가 은퇴하자
아내가 창업을 했다
아내와 자식들이
우르르 빠져나갔다
텅 빈 집 싱크대에 엎드려
설거지하는 초로의 남자
위로워요 누구 없나요
구부정한 남자의 등 뒤로
원두 향기가 꽃잎처럼
스멀스멀 피어올랐다
주인 잃은 커피 잔 두 개가
덩그러니 마주보고 있다

## 풍년초

한 발은 저 세상에
한 발은 이 세상에
걸치고 사시는 어머니

아직도 자식들
밥은 먹여 보내신다고
부지런히 씽크대 앞에서
서성이시는 어머니

냄비에 마른 쌀을 담아
고추장을 넣고
기름을 부어 달달 볶는
어머니는 만족한 듯
흐뭇한 표정이시다

풍년초 꽃 더미가
뿌리는 밭이랑 저쪽에 두고
달랑 몸만 건너와
귀여운 달걀프라이 반숙을
접시마다 담아놓는다

**임영희**
충남 연기 출생.
시집 『맑게 씻은 별 하나』 『날마다 너를 보낸다』 『나비가 되어』.

## 귀뚜라미를 키우신다 외 3편

임원혁

귀가 어두워져갔다
사람들의 대화가 듬성듬성 사라지고
낯선 언어 앞에서 이방인이 된 어머니
혼자 있는 시간이 길어지고
밤이면 숨어서 우는 풀벌레처럼
혼잣말로 주절이는 시간이면
사람들은 골목에서 사라졌다
입을 다문 방문 앞에서
퇴행성 침묵만 쌓여가고
벽에 기대어 벽과 소통하는 시간
귓속에서 귀뚜라미가 산다고
어머니가 말씀하셨다
곤충의 소리를 터득한 것인지
벽의 언어를 배웠는지는 모르겠다
이해 할 수 없는 말이 많아지고
내 귀에도 풀벌레 소리가 가끔씩 들려왔다

어머니가 남몰래 선물을 주신 것 같다
달빛 아래 담소가 그립다고

## 골목에서

입구에서 출구를 생각한다
반은 접히고 반은 펴진 골목에서
기척에 놀란 고양이처럼
발톱을 가진 어둠은 얼마나 위험한가
등 굽은 자세로 걷는
당신의 걸음은 겹겹이 겹쳐
골목은 골목에서 벗어나지 못한다
어느 곳에 있을까, 저 별의 출구는
신발을 잃고 발을 찾는
가로등의 희미한 기억을 더듬어
그림자가 자라나는 식물성 골목
당신의 미간에서 담쟁이넝쿨이 자라고
담벽을 넘어가는 저녁 출구가 없다
스러지는 별들 사이로 고양이 발톱이 긁혀지고
한뭉텅이 쓰레기봉투가 쌓여있는 골목

청소차량은 새벽에 온다.

## 아버지의 밥상

아버지의 가난은 과묵했다
먹고 사는 일보다 중요 한 건 없다고
낡은 등에 짊어진 새벽과
깊은 주름을 안고 귀가하는 밤
계절이 어떻게 변해가는지 모르는
골목길 외등은 희미했다
밥통에서 뜨거운 김이 올라오는 저녁
당신을 닮은 신김치와 마른멸치 밥상
나는 무엇으로 살아왔나
뼈와 살을 알뜰하게 발라 먹고
숟가락에 비친 아버지도 먹었다
뇌출혈로 쓰러진 저녁까지
당신의 모든 것을 먹었다
병실에서 허공을 향해 손짓 하던 말
아 훼 우 에버……
밥은 먹고 왔냐고 묻는 것 같다

저 배고파요

## 꽃의 미학

즐거운 기다림을 위해 꽃을 그린다
물감은 모두 밝다
튜브 안에 감춰진 웃음의 색상
검은색이 유쾌하게 쏟아지고 있다
가감 없이 그려지는 그림의 농도는
그대의 감정이 나의 바탕으로 전이되어
사실 꽃의 주체가 누군지 모른다
당신과 내가 혼합된 시간들이
보편 타당한 논리로 설명할 수 없어도
즐거운 기억이 증명하는 웃음으로
꽃은 발랄하고 눈부시다
빈 공간이 남아있는 그림
여백을 채울 밑그림을 상상하면
화폭은 넓은 들판이 되어
구름처럼 언덕을 넘고 있는 사람
꽃잎이 나부끼다

**임원혁**
서울 출생.
2005년 《문예사조》 등단.

## 여름을 빨다 외 2편

최한나

커튼에서 찬바람이 불면 가을이다. 꽃무늬들은 누렇게 변하고 꽃밭으로 착각한 꽃씨들의 착시가 말라붙은 커튼을 비비면 여름의 주름들에선 풀벌레 소리가 난다

열린 창문과 햇살의 이동은 탁한 구정물 색깔이다

무책임하게 피웠던 꽃 이름들 하나씩 삭제하는 햇빛 아래 창밖 나무들의 파란 커튼이 떨어진다. 벗어놓은 여름의 때를 지우는 것은 세탁기의 몫, 세탁세기와 수류패턴을 강에다 맞춘다

두 뺨은 아직도 여름 흔적이다. 지렁이 같은 바느질 자국에 말라붙은, 벌레 먹은 낙법만 익히던 흙투성이 옷들 거품이 되어 부글부글 돈다. 이리저리 미쳐서 부딪친다.

꿰맨 여름이 쏴아 물소리에 씻긴다

견고한 단추들을 찾아 나서는 북서풍과 눈꽃 혹은 양말과 외투깃, 돌아보면 계절을 지운 몸들 속엔 오색 파라솔이 펼쳐져있고 모래성은 먼지의 영토를 날리고 과즙 줄줄 흐르던 태양은 허공의 끝에 다다랐다

＞

　열어두었던 창문으로 들이친 빗방울은 아직 커튼을 떠나지 않았는지 눅눅하다. 어항 속에서 빼끔거리는 여름마저 개켜 넣는다

　오늘부터 옷장은 여름으로 넘친다

## 우산과 날개 사이에 후회가 산다

오전은 흐린 기미들이 많다
비를 머금은 하늘의 기미
들고 나온 우산을 접어들고 다닌다
접혀진 후회
맑은 오후에 흐린 오전을 들고 하루를 다니다보면
맑은 날이나 흐린 날이나 다 후회다

우산을 펼치면
소나기라도 내릴 것 같다
톡톡 바닥을 치면
빗방울 뚝뚝 떨어질 것 같다

귀찮은 오전, 어딘가에 놓고 싶은 흐린 오전
후회는 현재이고 징후들은 도처에
도사리고 있기 때문에 놓고 갈 수도 없다
쏟아지는 축축한 침묵을
도저히 옮겨 적을 수 없었던
맨몸에 꽂히던 바늘비의 기억,
날개가 부르르 떤다
우산과 날개 사이에서 파닥거리는 후회

자꾸만 기울었다가 일어선다

기억도 나지 않는 곳마다
접어놓고 온 비오는 날들이 많다
굳이 비 오는 날을 기억해야 할 이유가 없는,
접은 우산을 들고 오가는 사람들
비를 가득 품은 내 몸처럼 무거워 보이진 않는다

하늘을 올려다본다
후두득 한바탕 후회가 쏟아지려나
후회를 만지작거리던 손이
가방 속 우산을 더듬는다

# 상생

시커먼 길고양이 한 마리 후다닥 담장 너머로 튄다
안방 창문 밑 내다보니 배설물 한 덩이가 놓여 있다
언제부턴가 화장실이 되어버린 뒤뜰
구역질을 꾹꾹 누르며 매번 뒤치다꺼리를 한다
울분이 바닥에 쏟아진다
아무리 막으려 해도 막을 길 없는 이 만행
쥐약을 놓으라는 옆집 할매의 말이
귀에 찰싹 달라붙기도 했지만
차마 그러지 못하고
신문지를 깔아주는 것으로 고양이와 타협을 한다
신문지는 이제부터 고양이의 영토다
얼마나 외로웠으면
불빛 새어나오는 창문 밑에 배설하고 싶었을까
신문지에 고양이 오줌을 묻혀두고
서둘러 자리를 뜬다

최한나
2014년 《시와 표현》 등단.
시집 『밥이 그립다』.

# 토요일의 우산 외 2편

최호일


세상에 나쁜 사람이 있다면
나는 자전거를 타고 가로수가 끝없이 길고
마지막엔 점으로 된
도로를 달려가리 바람이 조금 불고
아무것도 할 일이 없는 토요일 오후에

세상에 나쁜 사람이 있다면
아이스크림 가게를 지나가다 간판에 쓴 글씨에 감탄하리
그 아름답게 휘어진 달콤한 색상과
글씨체가 곧 녹아내릴 듯

세상에 나쁜 사람이 있다면
일요일엔 등산을 하고 곧 단풍이 드는데
헤어진 연인이 갑자기 건네주었던 초콜릿과 손
그 색상의 가을 점퍼를 입고

세상에 나쁜 사람이 있고

나무에 풀에 사람에게 그리고 비가 내린다면
나는 그 비를 맞으리

어느 날 문득 비를 맞고 걸어가리

어떻게 해서 만들어진 비인데
토요일인데
그때 우연히 지나가는 빵 냄새 나는 사람의 옷과
우산의 색깔을 기억하리

## 나의 과학

저 허공은 사물이 없는 곳에 두 번 나타난다 소년과 소녀들은 발레를 하고 나는 발레를 피한다

나의 과학은 어처구니가 없다

스포츠를 하지 않는 사람들은 오렌지를 반대하고
치통을 앓는다

아직도 역사의 선반 위에서 불타는 사과

저녁이 유리 형제들처럼 투명한 과녁을 모두 빛낼 때
빗나간 바람은 달그락거린다

누군가는 러닝머신 위를 달리고
두 발은 항상 위험한 폭탄으로 떠 있다
곧 날아오를 것이다

불행은 가끔 장밋빛이며 영리하고
주변을 깨끗이 정리할 줄 모른다

〉
열한 마리의 고양이와
열한 명의 축구선수들
공이 없는 방향으로 달려가고 있다

벽의 세계에서는 벽을 들고 가
벽지에 붙인다

나의 과학은 소리가 나지 않고 겸손하지만
불을 끄고 그 벽에 몸을 기대면
슬퍼진다

## 불행한 커튼

나는 이것에 대해 말하리

어제는 여름보다 무지하고 나무와 사람은 멸망한다

세상의 불행은 멸종되었으며

타인의 불행을 비스듬히 바라보고 우리는 웃는다

커튼 뒤에 서 있는 사람은 누구인가

끊임없는 양인가 후회하는 의자인가

이천 오십 년에 나는 시를 쓰지 않으리

평평한 마루를 미끄러운 바람으로 걸어가서

커튼을 들추고 커튼 뒤의 사람을 만나보리

그때 시에 대해 얘기하고

> 커튼을 닫고 헤어지리

**최호일**
충남 서천 출생.
2009년 《현대시학》 등단.
시집 『바나나의 웃음』.

# 아름다운 작가

## 산문

김정운
나병춘
문선정
안영희

|산문|

# 할배와 꽃밭

김정운

"나 꽃밭에 다녀올게"
"네, 다녀오세요"
할아버지는 마스크와 모자를 쓰고는 밖으로 나간다.
호미를 들고 걸음은 서툴지만 기분은 좋아 보인다.
톡톡 착착 호미가 흙과 잔돌에 부딪히면서 나는 소리다

할아버지가 가꾸는 꽃밭에는 꽃의 종류가 다양하다. 백일홍 봉선화 금잔화 분꽃 등등 우리가 흔히 아는 꽃들도 있지만 이름도 모르는 꽃들도 많다. 묘종을 사다가 심고 얻어다 심고 바람에 날아와서 저절로 피는 꽃들도 있다.

할아버지의 꽃밭은 질서가 있는 게 아니다. 빈자리에 할아버지 생각대로 심었어도 저들끼리 잘 어우러져서 꽃밭의 모양을 잡아가고 있다.

할아버지가 가장 신경 써서 가꾸는 꽃은 해바라기다. 두어 해 전에 나와 쑥 깨러 갔다가 씨를 잔뜩 품고 버려져 있는 것을 가져와 묘종을 내어 심었기 때문이다.

키가 큰 꽃대를 막대기로 꽂아 끈으로 묶어 바람에 넘어지지 않도록 해 두었다. 그런데 해바라기가 잦은 비에 그야말로 바라기 할 대상이 없어서 그런지 풀이 죽어 꽃 얼굴이 밝지 못하다고 할아버지가 걱정이다.

워낙 비가 잦은 데다가 태풍도 두어 번 다녀가면서, 흙이 패여 꽃나무 뿌리가 드러나고 쓰러지기도 더러 부러지기도 했다. 호미로 뿌리를 돋우기도 받침대로 받치기도 막대기로 기둥을 세워 묶어주기도 하면서 더위도 잊고 비도 맞으면서, 자신도 함께 일으켜 세운다.

할아버지는 올해로 4년 전 7월에 뇌경색으로 쓰러졌다. 쓰러지고 2년은 할아버지도 나도 너무 힘들었다. 자신의 모습을 받아들이기 너무 버거워서 괴로워했고, 이겨내야 한다는 오기가 너무 강해 자신도 나도 오히려 더 슬펐다.

밤이면 더 불안해하면서 어두운 것을 싫어해 지금까지도 작은 전등을 켜 놓고 잠자리에 든다.

그런 힘든 시간을 보내고, 지금은 꽃밭이 당신의 친구이자 놀이터가 되어서 옆에서 보기도 편하다. 몸을 구부려 휴지 한 장도 줍기 힘들었는데, 꽃밭은 할아버지를 구부리게 하고 앉게도 하고 일어서게도 했다. 흙이 모자란다고 퍼 오기도 하는 걸 보면 없었던 힘이 꽃밭에서는 생기는 것 같다.

누가 꽃밭에 죽은 나무가쟁이를 심어놨다고. 그때는 초봄이라 물도 주고 거름도 사 와서 주고 하더니, 어느 날은 죽은 나무에 잎이 돋아나고 있다고 너무 좋아하더니 꽃봉오리가 맺혔다고 어느 날은 꽃이 피었다고, 자신의 몸이 회복된 것처럼 좋아했었다. 그런데, 하루는 아침밥상에 앉아서 벌레 씹은 얼굴을 하고 있기에 왜? 그러나고 아무것도 아니라고 하면서 혼잣말로 '가져가 버렸더라 꽃나무 누가 파갔는지 없어졌다.' 하지 않은가.

"참 염치도 모르는 사람인가 보네, 애써 살려놨는데 말이라도 하고 가져가지"

위로가 될까 싶어 일부러 더 호들갑을 떨었더니 그만하라고 꽃나무 주인이 가져갔겠지 잘 키우겠지 스스로 위로하며 얼굴이 편안해졌다.

할아버지는 오늘도 마스크를 쓰고 모자도 쓰고 장갑을 끼고 호미를 들고 제일 즐거운 표정으로 꽃밭으로 간다

김점운
경남 함안 출생. 1995년 《시대문학》 등단. 수상 〈삼오문학〉 대상. 시집 『내가 사는 마을』 『바람은 그 언덕을 다듬으며 지나가고』 『저물도록 색칠만 하였네』.

# 시인이여 사랑을 노래하자 |산문|

### 나병춘

1.
시는 어쩌면 한 편 한 편이 연애담일지 모른다. 아니면 실패담이던가? 사람의 삶은 언제나 사랑과 죽음에 맞닥드린 운명에 처해 있다. 인간을 일컬어 '호모 에로스'라 하고 '호모 루덴스'라고도 한다. 호모 에로스는 사랑에 빠져 사는 인간의 모습을 말하고 호모 루덴스는 놀이에 빠져 사는 인간의 특성을 말한다. 그리고 또 다른 모습의 인간을 '호모 파베르'라고도 일컫는다. 즉 일하는 인간으로 달리 말하기도 한다.

사랑과 놀이와 일이 어쩌면 쳇바퀴처럼 돌아가며 우리네 일상의 삶을 규정하고 있다. 하루 24시간을 한 번 살펴보자. 일터에서 돌아오면, 자기가 좋아하는 놀이나 오락에 빠져 휴식을 하든가 아니면 사랑에 빠지는 평범한 필부필부의 삶이 그렇지 아니한가. 만약 우리네 삶에 사랑이 빠져 있다면 어떨까? 어쩐지 비참한 생각이 든다. 사랑이 없는 삶은 얼마나 비극적인가? 그런고로 삶을 노래하는 시에는 언제나 에로스가 등장하고 이별이 등장하고 죽음이 등장한다. 시는 인간 삶의 거울이기에 인간의 발자취가 그대로 드러나기 마련이다. 시 쓰는 그 자체를 한 번 살펴보자. 한 장의 백지에 깨알처럼 쏟아지는 글자들이야말로 진솔한 사랑과 이별의 고백이 아니던가? 백지와 펜과의 만남이야말로 가장 극적인 사랑의 단면이 아닐 것인가? 그 사랑이 성공할 것인가 실패할 것인가는 그 다음의 문제이다. 하이얀 시트 위에서 적나라하게 벌어지는 남녀의 사랑을 가만히 마음속에 그려보자.

바로 백지에 시를 쓰는 시인의 모습이 아니던가?


2.
지난 봄 어느 날, 장욱진 미술관을 다녀왔다. 종종 찾아가는 곳이지만 그날따라 단순성Simple이라는 말이 뇌리에 와 박혔다. 단순성이 무엇일까? 우선 나 자신을 돌아보았다. 단순성을 추구한다면서도 하루하루 얼마나 복잡한 생각을 하면서 살아가는지 모를 일이다. 요즘 현대인들은 도시문화 정보화 세상 디지털 세상에 지친 나머지 가능하다면 좀 더 맘 편한 아날로그 세상을 그리워하는 모양이다. '소확행'이나 '미니멀리즘' 세상을 구현하고자 도시를 탈피하여 전원생활을 꿈꾸며 과감히 탈출하기도 한다.

최근에 겪은 일이지만 약수터를 다녀오다 새끼 고라니를 발견하여 집에 데려온 일이 있었다. 어미를 잃고 배꼽에는 아직 분홍빛 탯줄을 대롱거리고 있었으니, 그날 태어난 지 한두 시간여 만에 어밀 잃어버리고 길가에서 헤매고 있었음이 분명해 보였다. 야생 고라니를 어찌 키울 것인가 고심하다 동물보호센터로 보낼까도 생각해 보았지만 도저히 그럴 엄두가 나지 않았다. 애틋하고 초롱초롱한 눈빛과 쫑긋 솟은 두 귀가 어찌나 앙증맞은지, 등에는 꽃사슴 무늬가 있어 처음엔 꽃사슴인 줄 착각하기도 하였다. 집에서 포근한 둥지를 마련하고서 꼬옥 껴안고 우유 젖병을 물리니 어찌나 달콤하게 쪽쪽 쪼옥

빨아대던지.

며칠간 고라니를 돌보다 보니 나는 어느새 아빠 엄마 노릇을 하고 있었다. 다른 생각을 할 엄두가 나지 않았고, 새벽에 눈 뜨는 순간부터 밤늦게 잠들 때까지 고라니 돌보기를 최우선 과제로 삼고 살았다. 그랬더니 내 생활 패턴에도 변화가 왔다. 모든 일이 단순하게 저절로 정리되어 마음속에 도사리고 있던 걱정 근심들이 하나 둘 사라져가는 것이 신기하기도 하였다. 그래서 요즘 들어 '단순성'이 과연 무엇일까 곰곰이 생각해보곤 한다. 그것은 아마도 동심이며 어미 마음이고 온 생명에 대한 사랑의 실천임이 분명하리라.

누가 나에게 당신은 누구냐? 질문을 던지면
"나는 글을 쓰는 사람이다."
"그리고 어린 아기사슴과 더불어 젖을 주며 사랑을 나누는 사람이다."
"아울러 단순한 삶을 추구하려고 노력하는 사람이다."
이렇게 대답하고 싶다.

흔히 사람들은 일기나 편지에 자신이 겪은 내밀한 이야기들을 쏟아놓는다. 사춘기 때 짝사랑에 빠져 헤매던 시간들을 한 번 돌이켜보자. 이루어질 수 없는 사랑을 그리며 한밤을 꼴딱 지새면서 연애편지를 썼던 나날들…… 어떻게 하면 자신의 그리움을 잘 표현하여 상대방의 가슴을 울릴 것인가에 몰입했던 풋풋한 시절들. 과연 이것이 큐피트의 화살이 되어 사랑의 전령으로 꽂히는 순간을 위하여 밤새도록 고민하던 추억들이 있었으리라.

사람은 사랑을 꿈꾸며 사랑에 몰입할 때, 우리 몸에는 옥시토신이라는 또는 엔도르핀이라는 호르몬이 분비된다고 한다. 또한 세로토닌이라는 행복호르몬이 분비되어 나른한 행복감에 빠져든다고 한다.

  사람이 사는 목적은 무엇이던가? 사랑에 빠지고 좋아하는 일에 빠지고 좋은 벗들과 우정을 나눌 때 행복감이 더욱 고조되는 것을 누구나 경험하게 된다. 행복한 삶 속에서 우리는 평화와 안정감을 누리고 그것을 서로서로 나누고자 하는 것은 인지상정이라 할 수 있다. 그러나 우리네 삶에 행복한 일이 있는가 하면 슬픈 일도 불행한 사태도 비일비재 일어난다. 인생은 고해이며 제행무상이라는 깨달음에 이르게도 되는 것이다. 사랑을 품고 끙끙 앓는 사춘기는 어쩌면 인생에 있어서 가장 아름다운 황금기인지도 모른다. 사랑과 그리움으로 익어가는 정신과 육체의 성숙기, 이 단계를 거쳐서 비로소 사람들은 성인으로 변화하게 되는 것이리라.

### 3.

그러니까 그 나이였어…… 시가
나를 찾아왔어. 몰라, 그게 어디서 왔는지,
모르겠어, 겨울에서인지 강에서인지.
언제 어떻게 왔는지 모르겠어,
아냐, 그건 목소리가 아니었고, 말도
아니었으며, 침묵도 아니었어,
하여간 어떤 길거리에서 나를 부르더군,
밤의 가지에서,
갑자기 다른 것들로부터,
격렬한 불 속에서 불렀어,

또는 혼자 돌아오는데,
그렇게, 얼굴 없이
그건 나를 건드리더군.
나는 뭐라고 해야 할지 몰랐어, 내 입은
이름들을 도무지
대지 못했고,
눈은 멀었어.
내 영혼 속에서 뭔가 두드렸어,
열(熱)이나 잃어버린 날개,
그리고 내 나름대로 해보았어,
그 불을
해독하며,
나는 어렴풋한 첫 줄을 썼어
어렴풋한, 뭔지 모를, 순전한
난센스,
아무것도 모르는 어떤 사람의
순수한 지혜;
그리고 문득 나는 보았어
(중략)

— 네루다,「시」

'일 뽀스띠노'란 이탈리아 영화가 있었다. 어느 한적한 시골에 네루다라는 시인이 이사 오게 된다. 그 시인에게 답지하는 우편물들을 나르는 우체부가 등장하고, 그 순박한 우체부가 사랑에 빠지고 그 사랑을 앓으면서 시를 알게 되고 인생의 메타포를 시인에게서 하나

하나 체득해가며 성숙해가는 아름다운 영화 한 편이 문득 지나간다. 그렇다. 시는 삶이며 사랑이며 이별이며 죽음이기도 하다.

  장면 장면마다 아름다운 전원이 펼쳐지고 거기에서 벌어지는 애환들이 하나 하나의 영상시가 되어 사람들을 감동의 도가니로 사로잡는다. 그렇다. 시는 감동이며 울림이다.


  4.
  아득한 어둠 앞에는 아무도 알 수 없는 슬픔이 있지만 어둠 뒤에는 경계를 허물어뜨리는 고요한 노래의 범접할 수 없는 충만이 있다. 절망할 줄 아는 자가 시인이다. 절대 고독 앞에 마주 선 자, 백척간두에 서서 울 수 있는 비겁한 자, 가장 여린 영혼이 외로워할 때 함께 울 수 있는 곡비가 시인이다.

  절망과 우울에 빠진 시대의 아픔 앞에서, 외면하는 자는 가짜 시인이다. 뼈아픈 통증을 함께 앓으며 시대의 암세포를 껴안고 사랑을 송두리째 바칠 수 있는 자, 아무도 희망을 발견하지 못한 채 울부짖고 있을 때, 그 절망 너머의 빼꼼한 새벽 여명을 예견할 수 있는 예지가 시인의 눈이다.

> 어둠 앞에는 칠흑 절망이 있지만
> 어둠 뒤에는 알 수 없는 충만이 있다
> 저 무명의 공포 속에서 떨고 있는
> 절벽의 아우성이 있고
> 벼랑 끝에서 겨울을 노래하는 빙폭이 있다

아무도 오지 않는 독락당에서
홀로 노래하는 은핫물 새의 둥지,
고독 너머에서 잉태하는 핏빛 알들이 있다
어둠을 가로지르는
겨울 별자리 그 빗금의 함성
아스라히 멀어지는 고드름 하나 둘
그도 원래는 둥그런 물방울
물방울은 우주의 눈동자이며 별
본향으로의 회귀는 스스로의 결별이 아니더냐
어둠의 끝은 마침내 새벽이다

맑고 높은 고독 속에서 우러나는
외마디 소리
그것이 시인의 할이다
그 무엇과도 바꿀 수 없는
죽비 소리

—졸시, 「할」

    설원에 홀로 서있는 겨울나무를 보라. 가만히 제 자리 지키고 서서 설한풍 견디는 저 오연한 풍모를 보라. 군더더기 하나 없이 모든 껍데기를 벗고서 우주의 별자리 옷을 껴입은 저 형형한 눈빛을 보라. 가장 익숙하여 오히려 낯선 겨울나무, 자기 자리를 끝끝내 지키며 자신의 우주를 완성하는 부동성이야말로 나무의 위대함이 아니던가.
    나는 모든 허울 다 버린 겨울나무를 닮고 싶다.
    밝은 태양을 끌어안고 사랑을 나누는 나무, 밤이면 홀로 절망을 견디는 빙폭처럼 외로움을 노래하다 심심하면 고드름을 툭툭 던질 줄도 아는, 벌판의 외로운 짐승들의 벗이 될 줄도 아는 저 어둠 속의 시 한 편, 이것이 시인의 책무가 아니더냐. 눈길에 홀로 걸어간 멧돼지 고라니의 발자국을 보라. 화살표 몇 찍고서 어디론가 날아가버린 새 발자국을 보라. 모든 사물은 이곳인 것 같지만 저곳이다. 저곳인 듯 하지만 이곳이다. 저곳과 이곳의 경계를 허물어버리는 자유정신 이것이 시인 정신이 아니더냐. 코로나 19! 기나긴 겨울이 깊을수록 새봄은 어디선가 금세 도착할 것이다. 벌써 버드나무 가지에는 버들강아지 오손도손 기어오르고 연둣빛 파도소리 어디선가 밀려오고 있다.

 사랑하라.
 죽도록 사랑하라.
 저 겨울나무처럼,

**나병춘**
1994년 《시와시학》 등단. 시집 『새가 되는 연습』 『하루』 『어린왕자의 기억들』 『쉿!』 등이 있으며, 시선집 『자작나무 피아노』.

# 바람의 눈물이 닿는 곳에 꽃이 핀다 |산문|

### 문선정

　바람이 분다. 고슬고슬 잘 내려앉던 햇살이 자리를 잡지 못하니 봉긋이 부풀은 매화나무도 곡을 뽑아내며 휘청거리는 것이리라. 이 환한 날 어울리지 않게 온통 흔들리는 풍경 밖으로 물러나 있어도 그네를 타는 것 같아 질끈 눈을 감았다.
　나는 왜 덩달아 저 바람의 수작에 휘말려야 하는지 이유를 생각하다, 나무의 거친 숨소리도 분명 사연이 있을 거라 귀 기울이기로 한다. 곧 봄이 도착할 것이라는 기별은 벌써부터 들었건만, 바람이 저리 가시 같은 사연을 토해내는 걸 보니 제 날에 당도하리라던 봄도 어느 낯선 땅에서 떠돌고 있을 게다.

　겨우내, 나는 잃어버린 것을 찾는데 시간을 보냈다.
　추위를 이기는 것보다 더 힘든 것은 세상을 등진 사람을 잊는 일이다. 아니다. 무정한 사람이라고 불러야 할까. 우정이라는 용량을 모두 쏟아버리고 사라진 매정함을 잘 못 배운 사랑 탓이라고 허공을 향해 질책했다. 그 사람이 먼저 보이지 않는 문을 열고 사라졌으므로, 나도 그의 그림자를 벗어나야 고르게 숨을 쉴 수 있을 것 같다는 논리를 내세우는 것도 약해진 내 사랑 탓이다. 누구의 친절이 더 따듯했느냐고 묻고 답하는 것도 구차한 일이다. 더구나 한겨울에 닥쳐오는 이별은 일언지하에 뚝 부러지는 얼음막대처럼 차갑기 그지없고, 나는 그 사람처럼 쉽게 부러지지 않으리라 마음을 다잡기로 한다.

그렇다고 해서 내 속에 그리움이 자라나지 않는 것은 아니다. 어떤 날은 어느 기억의 조각들을 조합하여 우정과 추억 사이로 되새기다 가슴이 아려오기도 하는데, 방전되었던 내 고독을 충전시켜 긴긴 밤을 지새우며 새벽을 맞이하곤 한다. 사람을 보내는 일로 우울한 시간을 내어주지 않기로 나 자신과 적당히 타협을 본 것인데 그게 마음먹은 대로 되지 않는다. 만남 뒤의 이별은 당연히 밟아야 되는 수순이지 하고 위로 섞인 중얼거림으로 순간을 외면하는 데도 익숙해졌다. 그럼에도 가슴 한편에선 짠하게 고물거리는 쓸쓸의 근원은 도대체 어디에서부터 차오르는 것인가.

꼭꼭 숨어버린 물건들, 세상의 문밖을 나서 이제 마주할 수 없는 사람, 끝까지 함께 가야 할 인연이라 여겼던 관계의 고리가 분리되는 허공에서 와락 덮쳐오는 한기. 몸서리가 쳐진다.

그런 와중에 10년을 넘게 미루어두었던 개명신청을 했는데, 겨울 끝 무렵 소식이 왔다. 새로운 이름을 받아들고 기쁨 반 서운함 반으로 뒤섞여진 맛은 생각보다 신선했다. 거울 속 나는 여전히 낡은 웃음을 흘리고 있었지만 새로운 생을 선물 받은 기분으로 한동안 달뜬 맛을 보았다. 이런 설렘 속에서 옛 이름을 어떻게 보낼까 망설임의 시간도 가져야 했다. 냉큼 지워버리고 새로운 이름을 올려놓는 것에 대한 미안함이 가득해서였을 거라는 변명이다. 돌이켜보면 애처

롭기도 했고 내게 많은 것을 나눠 주기만 했던 얼마나 넉넉한 그녀였었나. 아무래도 가슴 한 귀퉁이 숙자의 방을 따로 만들어 몰래 들여다보아야 하는 건 아닌가. 세월이 지날수록 그녀의 방이 너덜거리면 어쩌지 하는 마음이 들어 조심스럽기도 하다. 긴 세월 나와 동고동락 해 온 숙자! 그녀를 보내지 못하는 겉사람의 나는 누구이며, 또 다른 나를 불러들인 속사람의 나는 누구인가 되묻기도 하지만, 어렵사리 내 품으로 걸어온 새사람에게 예의가 아닌 것 같아 별 타당성 없는 이유를 덧붙여 그녀를 보냈다. 함께 울며 웃고 살았던 고맙고 미안하고 불쌍하고 사랑스러웠던 숙자와의 이별을 떠올리면… 아! 어쩌지. 다시 눈물이 핑 돈다.

"자네는 사주도 좋고 다 좋은데, '숙자' 라는 이름 때문에 명命이 짧아."

글벗 사이로 가까이 지내던 소림스님은 지나가는 말로 듣지 말고 꼭 이름을 바꾸라는 말을 넌져놓고 광주로 내려갔다. 그런 경고장 같은 말 때문인지, 3년 후 백혈병에 걸린 나는 여러 번 고비를 넘기다 비록 늦었더라도 스님 말을 들어 볼까 하여 개명신청을 했다. 마지막까지 숙자와 함께 살아보고자 했던 다짐이 덧없음으로 끝나고 만 것이다. 떠난 사람을 숨이 목에 걸리도록 놓아주지 않을 수는 없어서 숨 쉴 구실을 찾는데 이러다 숙자와 함께 살아온 세월마저 아득해지는 건 아닐는지, 라는 생각에 더럭 겁이 나기도 하는 것이다.

이렇듯 낡은사람 '숙자'는 등 떠밀어 보내버렸으므로, '선정'이란 이름표를 달고 다시 태어난 것처럼 생을 이어가는 나는……,

'……나는 누군가에게 그리운 사람이기는 하는 걸까.'

잃어버린 물건, 떠나간 사람, 어느 날 갑자기 버림 받은 숙자를 생각하며 집으로 오는 고갯마루를 넘어올 때, 어떤 그리움이 와- 차오르는데 저물녘 햇살 한 줄기에 휘청거리는 내가 가여워지는 것이다. 삶은 돌아볼수록 아쉬움으로 가득하고, 지난 삶의 잊고 싶은 것들은 부분 부분을 도려낼 수만 있다면 조금 덜 아플 수 있을까.

새봄맞이 하듯, 새로 발급받은 자동차 면허증과 주민등록증에 새겨진 아직은 낯선 이름 "베풀 선宣 깨끗할 정淨"을 매화체로 쓰는 연습을 한다. 새로 받은 여권의 영문 이름은 수양매화 흘러내리는 선한 곡선의 흘림체로 써본다. 이런 기분이라면 어린 아기가 옹알이 하듯 "사랑"이라는 말을 다시 한 번 배울 수 있을까. 그렇다면 미움으로 채워지는 나를 비우고 새롭게 배운 "사랑"이라는 글씨를 써서 내 안에 매화 향 머물게 하리라.

바람이 운다.
간신히 가라앉으려는 가슴 일렁이게 만드는 너를 꽃빛바람이라 이름 짓는다. 바람아 울어라. 인연이 아닌 것 떼어낸 눈물 자리에 다시 꽃 피울 수 있다면 울고 또 울어라. 나는 이렇게 오늘을 견뎌낼 것이고 너는 지칠 것이고, 지금 흔들리는 저 풍경은 우-우- 일어나 연두색 봄을 부글부글 피워 올릴 것이다.

문선정
경기 구리 출생. 2014년《시에》등단. 현)아름다운 작가 회장.

# 동백꽃 현수막

|산문|

안영희

　이른 4월 인사동 입구에 동백꽃 문양 붉게 찍힌 현수막이 바람에 거칠게 펄럭이고 있다.
　동백꽃, 동백꽃……, 입안에서 불러 보다가 일상의 자리 붙박인 채로 마음이 금방 그리움에 찬다.
　해 기울면 서둘러 머플러를 다시 감고 옷깃을 여미도록 세勢를 타는 바람 아랑곳없이, 어느샌지 단호한 붉음으로 피었다가 꽃잎 하나도 흐트러뜨리지 않고 뚝, 뚝…… 통째로 떨어지는 낙화의 모습 너무나도 강렬해서, 내 마음에 진홍의 낙관처럼 찍혀 있는 꽃. 남도 어디 섬이라든가 하는 데선 눈 속에 피었다가 벌써 모가지째 떨어져 꽃송이들이 가득히 땅바닥을 덮었다고 올려놓은 사진을 인터넷에서 발견하곤, 벌써 피다가 내 카페에도 핸드폰에도 저장해 놓은 꽃.
　그러나 2019년의 이 4월 별스럽게 쳐 대는 꽃샘바람에 지금 혼신을 다해 펄럭대는 것은, 제주의 4.3사태 추모제를 알리는 현수막이다.
　무려 제주도민의 8분의 1이 죽임을 당하거나 행방불명이 된 채로, 그 짓이 자행된 지 70주기가 되도록 제대로 달래지 못한 희생자들을, 상징화한 낙화의 문양.

그동안 살육의 책임이 있는 정권이나 그 미친 학살을 먼 산 보듯 방조한 미군정, 혹은 살육을 직접 자행한 책임자들 중 그 누구에게도 죄를 묻지 않았고, 책임진 일 따위 전혀 없이 가해자들 다 안녕하고 무사하게 살아가거나 더러는 살다가 간, 70년의 이다음 세상에야 댕강댕강 목 잘려 땅바닥을 덮고 또 덮은, 피 붉은 낙화들의 통곡에 귀를 열자는 것이다. 암흑하고도 무도한 이 나라 기막힌 역사 속에서 대부분 무슨 영문인지도 모르고, 구제역의 돼지처럼 겹겹 포개 몰려서 죽임당한 원혼들이,

"들어다오! 내 피 맺힌 이야기를 제발 좀 들어다오! 들어다오" 소리치는 듯이, 동백꽃 현수막이 온몸 다해 펄럭대고 있다.

처녀 적에 건너가 반생 넘게 LA에서 간호사로 일하고 있는 동생집에서 몇 년을 살다 돌아오신 아버지는 공항 문을 밀고 나오시며, 마중 나간 내게 말씀하셨다.

"미국은 참 좋은 나라여야."

그 말을 듣는 순간 내 입가가 여지없이 이지러졌다. 정말이지 그 말은, 결코 내 아버지의 입에서 나와선 안 되는 말이었다.

일찍이 한국 전서부터 그의 생애는 사회주의 혁명사상, 그 신전에 고스란히 바쳐졌고, 유년서부터 아버지는 우리에게 없는 사람이었다. 허기진 하학길 만두 한 알, 고구마 한 꼬챙이도 아니었고, 엄동에 한 켤레 양말도 아니었으면서, 보호자 난에 단 한 번도 그 이름을 채우지 않았으면서, 이제 보니 미국은 좋은 나라라고? 그러면 처자식 대신 그 무엇에다 생애를 다 바치고 오셨더란 말인가?

미국은 좋은 나라여야, 라고 하신 그 한마디는 스스로의 인생이, 헛되고 헛된 한바탕 공전이었다고 인정한 것임에.

그날 손수레 가득 채워 밀고 나오시는 미국, 미국의 선물이 얼마나 어이없었던지! 세상을 한 바퀴 돌고 이제는 늙어서 자신이 말한 그 한마디가 제 자식에게 얼마나 커다란 분노를 유발시키고 있는지, 허탈감을 주고 있는지 짐작도 못하는 아버지라니!

그래 세상이 한 바퀴 돌고 난 후, 그의 젊은 피를 열광시켰던 마르크스, 레닌과 소련이 붕괴되고 우리가 지난날 목을 겨눠 총질해댔던 베트남, 호치민의 나라는 관광하기에 넘 좋은 이웃나라가 되었다.

무엇이. 사람 사는 세상에 무엇이 영원하던가? 무슨 사상 무슨 이념 따위가 그리 절대하던가? 겨우 서른 살 안팎의 젊은 아버지가 사냥꾼들의 놀이짐승이 되었을 때, 그의 자식인 우리 형제들은 그게 무엇인지 왜인지 아무것도 모르면서, 배가 고팠고 추웠고 깃들 데가 없었다. 얼굴도 모르는 부재의 아버지가 줄곧 번번이 내 인생을 가해하고 있었다.

4.3사건의 희생자, 그 대부분의 사람들도 나처럼 영문도 모르고 당한, 권력욕에 눈이 먼 미친 정권, 흑黑 아닌면 백白밖에 모르면서 편가리기엔 재빨랐던 무식하기 이를 데 없는 동물들의 역사, 그 피해자들일 것이다.

산골 마을에 작은 집 한 채를 짓고 오가며 사는 동안, 내가 사는 한 세상이 숱한 다른 생명체들과 함께 살고 있음을 번번이 인지하곤 했다.

아무리 망사창을 해 달았어도 틈새를 비집고 들어온 곤충이며 거미, 창에 온몸을 펼쳐 붙어 있는 색색의 나방들도 쉽게 파리채를 들어 때려죽일 수가 없었다. 집어 휴지에 싸거나, 가만 쓸어 밖으로 내

산문 161

버리며,

"미안해, 미안해 밖에 가서 살아야지, 밖에 가서."

중얼거리곤 했다.

생각해 보면 내가 침입자가 아닌가, 그들의 오랜 터전에 내가 땅을 깎고 집을 지어 든.  저것들도 나와 같이 한 세상 살아갈 권리를 부여받고 태어난 생명체들이란 생각이 때때로 마음을 쳤다.


제행무상諸行無常.

사람의 세상에 불변하는 것, 절대영원이란 애초에 없는 것인데, 우리 아버지의 사상 색이 흰지, 붉은지, 초록색인지 그 색들이 무엇을 의미하는지 따위 아는 바 없는 어린아이인 내가 앗겼던 포근하고 따사로운 유년, 가혹한 소외와 박탈이 한갓 유한하고 가변하는 정권, 한 시절의 지배이념 따위가 절대가치인 듯 숭앙하며 의심치 않고 저지르고 간 가해일진대, 하물며 그 칼로 우우우 우거진 풀을 베듯이 누군가의 부모, 누군가의 자식, 햇살 같은 어린아이들의 목을 베고도 아무 일 없었다고 칼을 씻어서는 안 되지 않는가?


**안영희**

1990년 시집 『멀어지는 것은 아름답다』로 작품활동 시작. 시집 『물빛 창』 『그늘을 사는 법』 『가끔은 문 밖에서 바라볼 일이다』 『내 마음의 습지』 『어쩌자고 제비꽃』 등. 2005년 경인미술관에서 『흙과 불로 빚은 시』 - 도예개인전. 2020년 산문집 『슬픔이 익다』를 출간. 현)계간 《문예바다》 편집위원.

# 아름다운 작가

## 동시

이가을
이사람

## 달과 나란히 외 2편

이가을


할아버지는 어머니라 부르고
아빠가 할머니라 부르는
우리 달할머니

허리가 달처럼 둥글어
달과 함께 걸어
지팡이 짚고 걸으면
발이 세 개야

달을 업고
그림자와 앞서거니, 뒷서거니
교회에 가

이빨 빠진 아흔 살 할머니
얼굴이 하회탈 같아

달과 나란히 걸으면
할머니 그림자랑 둘
발이 여섯 개야

웃으면 눈이 반달이야

## 할머니 돌아가신 날

할미, 이사 간다

어디로요?

저기, 하늘나라 새집으로

두꺼비한테 헌 집 주고
새집 샀어요?

그래 헌 집 주고 새집 샀지

좋겠다, 나도 가서 살래요

안돼, 하나님이 부르실 때에 오는 거다

할머니 따라가고 싶어요

녀석, 여기가 네 집이니까
할미만큼 살다가
두꺼비가 새집 주거든 와

울다 번쩍 눈 뜨니
할머니가 국화꽃집에서 웃고 있다

## 닮은 우리

공원에
누가 놓았을까

빨간 하트의자

소나기가 닦고
봄볕이 따뜻하게 데웠어

서로 사랑하라고
화해하라고

아침나절 다툰
엄마랑 딸도
부부싸움 한
엄마 아빠도

봄볕에 마음 환해졌어
닮은 우리끼리
미안해! 사랑해!

이가을
1998년 《현대시학》 등단.
동시집 『예수님 귀가 자라요』.
시집 『슈퍼로 간 늑대들』 외.

## 꼬마물떼새 외 2편

이사람

강가에 물이 들어
알 세 개
다 잃어버리고

이리저리
알을 찾아다니던
꼬마물떼새

꼬마물떼새가
울지 않아
더는 보이지 않아

둥지가 있던
그 자리에
몰래 가 보았더니

꼬마물떼새가
알처럼
꼬옥 품고 있던

동글동글한
조약돌 세 개

## 시소

흰 구름까지
너를 올려주려고

내가 내려가고

저녁별까지
나를 올려주려고

네가 내려가는

서로를
한 번씩 올려주려고

서로가
한 번씩 내려가는

우리는 시소

## 빨랫줄엔

동생이 오줌 싼 이불이랑
내 흰색 면티
그리고 할머니 주름치마가 없는 날엔

곤줄박이랑
잠자리
그리고 앵두나무 그늘이

잠시
몸을 말리다 가요

이사람
2013년 《시산맥》 등단. 2014년 『동양일보』 신인문학상 당선. 2016년 『매일신문』 신춘문예 동시 당선. 동시집 『아빠는 쿠쿠 기관사』 그림동화책 『새들의 세탁소』. 현)광영고등학교 근무.

# 아름다운 작가

## 평론

풍경의 의식으로 바라보고 시 쓰기

나금숙

김동인 소설에 나타난 식민지 민족주의의 왜곡

임성용

|평론|

# 풍경의 의식으로 바라보고 시 쓰기

나금숙

　평범한 화가의 사과는 먹고 싶지만 세잔느의 사과는 눈을 통하여 마음에 말을 건넨다는 유명한 말이 있듯이, 빛으로 반짝이는 물결과 유동성 있는 인상파의 풍경을 어떻게 하든지 고정시키려고 세잔느는 고심하였다. 따라서 그의 눈은 펼쳐진 자연보다 깊이 있는 자연을 주시하였다. 즉, 매순간의 인상보다는 지속되는 실체를 잡고자 하였던 것이다.
　"우리가 보는 것은 모두 흩어지고 사라진다. 자연은 항상 같다. 그러나 아무 것도 남아있지 않다. 눈에 띄는 것은 남아있지 않는다. 자연은 그 여러 요소와 변화되는 외관과 함께 지속되고 있다. 그 지속을 빛나게 하는 것이 우리들의 미술이다. 사람들에게 자연을 영원토록 맛보게 해 주어야 한다…"
　세잔느가 한 이 말은 그가 자연관찰에서 얻어진 자연의 변화성과 움직임을 알고 있었을 뿐 아니라, 움직임 속에서의 지속성과 그 조직적 요소 등을 알고 있었다는 증거이기도 하다. 세잔느가 잡고 싶었던 것은 자연의 순간적인 인상이라기보다 지속하는 자연의 존재

였고 고정된 것이었다. 사과 속의 사과와 사람 안의 사람을 가려내기 위해서 세잔느는 느끼기 위해 알아야하고 알기 위해 느끼기를 추구했다. 메를로 퐁티는 세잔느가 자신에 의해 구성을 하면서도 근본적으로 타자의 풍경에 자신이 던져져 있음을 의식하는 방식에 관심을 가졌다. 그리하여 세잔느의 사과는 먹고 싶은 사과가 아니라 그것이 차지하고 있는 쟁반, 테이블, 테이블보, 실내 등, 공간과의 관계로 사과가 의식화 되어진다는 것이다.

   전 세계가 팬데믹이라는 거대한 환경에 놓여있는 이때, 시인들의 응시는 이 불안한 세계 풍경에 의해서 어떠한 가시성이 구성되고 의식되었는지 살펴보기로 한다.

> 바퀴가 덜컹거린다
> 충돌음이 발생하는 차도에서 사람과 사람 사이가 멀어진다
>
> 집들이 달아난다
> 집을 잃고 그는 밖에서 떠돈다
>
> 공중에 목을 올려놓은 나무에서 단풍잎이 흔들렸다 지구가
> 계절을 바꾸는 동안, 생이 열리고 닫히는 문으로 사람이 교체되고
>
> 환절기를 앓는 병상에서는 갇힌 감정을 무언으로 토해내는
> 기침소리가 소란하다 중력을 거스른 기적으로 사랑을 하고
>
> 풍선 속으로 들어간 애인들이 아이들과 함께 공중을 둥둥 떠다닌다

원래 아이들은 자궁 안에서부터 떠있던 아이들

거꾸로 도는 금성을 생각하는 금요일에 던져 올린 사과들이
구름 꽃을 피웠다 그러나 지상에 사과 비는 내리지 않았다
갑자기 사계절에 없던 계절의 출현으로 마스크를 쓴 행인들이 나타난
거리에서 사람과의 거리 두기를 두고

사랑의 거리 두기에 대한 다툼이 이어진다 풍선에서 낙하한
애인들 사이에 골이 깊어지고

그 굴곡의 궤도로 이별의
달이 들어와 자전하고 있다
― 김길나,「환절기」『시인정신』 2020년 여름호

 오래 시의 길을 걸어 온 김길나 시인의 시를 반가운 마음에 호감을 갖고 들여다 보았다. 지상보다는 먼 우주를 향해 항상 시선이 가 있는 그의 시는 이 환난의 시기에 어떤 말을 하고 있을까? 백년에 한 번이나 있을, "사계절에 없던" 폭력적인 "계절의 출현"으로 우리 모두 어리둥절하다, 애도의 첫 단계처럼 우리는 갑자기 잃어버린 일상을 인정할 수가 없다. "중력을 거스른 기적"이 있어야 "사랑을 하"는 애인들은 바이러스가 침범 못하는 안전지대인 "풍선 속으로" 인류 최후의 소망인 "아이들과 함께" 들어가야 한다. 어두운 밤을 지나서 뜨는 샛별, "금성을" 향해 지구 종말에 마지막 심고자하는 나무인 "사과"를 던져 올려보지만 "사과 비는 내리지 않았다". "생이

열리고 닫히는 문으로" "기침소리"와 함께 "사람이 교체되"는 비극이 있을 뿐이다. 수소처럼 가볍지 못한 애인들은 드디어 "풍선에서 낙하"하고, "사랑의 거리두기"로 골이 깊어져 "이별의 달이 들어와 자전" 하는 것을 온몸으로 맞이할 수밖에 없다. 차도에서 덜컹거리는 바퀴, 달아나는 집, 어디에도 안주하거나 안식할 곳이 사라져버린 지구인들을 향해 시인은 수용하는 단계 이전에 우울의 과정을 함께 가고 있는 것이다. "코로나블루"라는 말이 생길 정도로 우리는 집단적인 우울상태를 몇 달 째 견디고 있다. 그러나 환절기라는 이행적인 의미가 담긴 제목을 주목할 때, 시인의 눈은 이 모든 감염병의 현상 너머로 이 재앙이 이 또한 지나간다는 심안을 갖고 우리에게 희망을 말해주고 있는 것이다. 모든 작가의 작품은 전위라는 말을 수긍하게 만든다. 이 '듣보잡'의 전쟁터에서 시인들은 앞날을 내다보고 포효하는 강화된 전위부대가 될 수밖에 없는 것이다.

꽂힌 촉鏃에서 번식하는
그늘의 시간

그것은 강물이었다가 바람이었다가 번개가 되었다

심장의 반이 당신에게 갔어
그사이 달도 반쪽이 되고
누가 쏘았나?

심장에 꽂힌 이것은
그 끝이 보이지 않아 더 아픈

　　　당신을 앓는다 몸을 통과한 쓰디쓴 말들이 처방된 알약에 묻어 있다 허공에 핀 꽃들은 그날의 우리처럼 수줍고 다정한데 안개가 삼킨 감정의 매듭이 풀리고 바닥의 그림자는 얇아지고 있다

　　　때론 눈물은 화살이 되곤 하지만
　　　그 누구도 잡을 수 없지

　　　너무 빨라 솜사탕도 통과 못 하고
　　　너무 느려서 더 깊숙이 박히는
　　　—김미정, 「화살은 노래가 될 수 있나」, 『시인정신』 2020년 여름호

　코로나19의 먹구름이 중국 우한을 출발하여 우리나라에 덮치기 시작하던 올해 1월부터 매달 가까운 이들, 사랑하는 이들을 먼 나라로 보내야했다. 끔찍한 교통사고들과 출산 직후 심장마비와 심부전, 그리고 열흘 전 미국에서 코로나로 한 달 만에 세상을 떠난 분도 계셨다. 김미정 시인의 이 시는 언뜻 읽으면 연애시 같기도 하다. 그러나 뉴스와 현실에서 여러 죽음을 맞닥뜨리고 있는 현재로서는 단순히 사랑시로만 읽히지가 않는다. 화살 "촉"과 같이 순식간에 오는 죽음, 그 절명의 시간은 "그늘"이었다가 "강물이었다가 바람이었다가 번개가" 된다. 적어도 갑자기 남게 된 사람들에게는…… 사랑하는 이가 "심장의 반"을 가지고 먼 길을 떠나버린 뒤 "달도 반쪽이 되"었다. 누가 쏜지도 모르고 심장에 꽂힌 상실과 부재의 치명상은 치유할 길 없는 끝이 보이지 않는 아픔이다. 구천으로 떠난 이를 온몸으로 빙의해 보지만 잡히지 않는 "허공에 핀 꽃"이다. 되돌릴 수

있는 죽음의 이별로 인한 상실의 눈물은 "누구도 잡을 수 없"는 화살이 되어 너무 빨리 혹은 너무나도 느리게 영원히 내 심장 "깊숙이"와 박히는 중이다. 누구라서 이 슬픔을 바래어 줄 수 있겠는가? 한 달 동안 아침 일곱 시면 핸드폰 너머로 흐느끼다가 통곡하다가 흐느끼는 울음소리에 귀를 열 수도 막을 수도 없었다. 동일하게 같이 울어주는 곡비가 될 수 없음에 곡비의 운명이라는 시인임을 부끄러워할 수밖에 없었다. 아침 먹고 웃고 나간 스물여섯 아리따운 딸을 집 앞 건널목에서 한순간에 참혹한 형상으로 잃어버린 그 슬픔의 깊이를 내가 끄적인 시가 짐작이나 하겠는가! 그러나 이 고통의 화살을 노래로 바꿀 수 없는 절망도 시다, 현실에서 도움이 되지 않을 것 같은 시가 이 두터운 절망을 단지 노래하기만 하여도 절망 너머에 있는 무언가를 보여줄 수 있는 것이다. 기리코의 "거리의 신비와 우울"이라는 그림을 볼 때, 우리는 단지 우울이 우울로 끝나지 않고 이 어두운 분위기 너머에 우리 속에 잠겨있는 형체 없는 무의식의 생명을 느낀다. 마치 단단한 달걀껍질 속에 숨어있는 유동적인 노른자처럼…… 상실과 부재의 슬픔을 따뜻한 새의 알을 만지듯이 그려낸 시인의 시를 읽는 즐거움이 각별하다.

> 숫돌 하나 보았다
> 뭉텅한 쇠도 한두 번 갈면
> 날선 검이 되는 숫돌을 보았다
> 회개해도 씻기지 않는 죄
> 마음으로 그 숫돌에 갈면
>
> 죄가 몸속에서 다 씻겨 나가고 있다

분노나 미움은 숫돌에
한 번만 스쳐도 천사 같은
사람이 되었다 그 숫돌을

유심히 보았다 그 숫돌 속은
사람들이 기도가 증발해 고인
푸른 하늘빛이었다
사람들이 앞다투어 그 숫돌에
마음을 비벼대고 가지만

한 푼의 돈 그 숫돌 주인은
받은 적이 없었다

그 숫돌을 훔치려 사람들이
왔다가 다 회개 되어
돌아가고 있다

— 이종만, 「숫돌」 『시인정신』 2020년 여름호

    회개라는 말의 원어는 헬라어로 "메타노이아"이다. 반성한다는 뜻이 아니라 돌이켜 돌아간다는 뜻이다. 이 시를 읽으면 나다나엘 호손의 큰바위 얼굴이 생각난다. '연구자가 자기도 모르게 자신의 연구 대상이 된다'는 주제를 매우 독창적으로 다룬 매혹적인 우화라고 보르헤스가 평가한 작품이다. 이 시의 숫돌은 물질적인 숫돌이 아니다. 내면에서부터 빛이 가득하여 그를 만나면 나도 모르게 나의 오염과 부정함을 떠오르게 하는 그런 인격을 말한다. 이 인격은 많은 이들의 죄를 품을 수 있기에 들여다보면 조용한 "푸른 하늘빛"이다. "분노나 미움"을 비비고 가고 싶은, "뭉텅한 쇠"같이 감각을 잃은 양심도 "한두 번 갈면 날선 검"이 되는 숫돌 같은 사람이 그리운 때이다. "한 푼의 돈"도 받지 않은 숫돌 주인이야말로 실은 숫돌 자체인 것이다. 그 효용가치가 탐이 나서 사람들이 "훔치러" 왔지만 훔칠 수 없는 것은 숫돌의 마음이기 때문이다. 흉흉한 뉴스가 우리 모두를 옥죄는 이때, 찌든 마음을 어루만져주어 말갛게 해주는, 훔쳐 가고 싶으나 훔쳐갈 수 없는 시의 마음 한복판에 쉬었다 간다.

나금숙
2000년 《현대시학》 등단. 시집 『레일라 바래다주기』 외 1권.

|평론|

# 김동인 소설에 나타난 식민지 민족주의의 왜곡
### -'감자'와 '붉은 산'을 중심으로

### 임성용

## Ⅰ. 극복대상으로서 친일문학

'친일문학'은 한국문학사에서 통째로 들어낼 수 없는 문제이다. 일제침략기에 조선의 작가들은 식민통치의 고통을 감당해야 했다. 그 결과, 일제에 협력하는 글을 쓰고 군국주의를 찬양하는 작품들을 남기기도 했다. 절필하거나 망명하지 않는 이상 대다수의 조선 문인들은 '친일'에서 자유로울 수 없었다. 친일은 문인들에게만 가해진 거부할 수 없는 체벌이 아니었다. 단순한 친일에서부터 적극적이고 자발적인 부역까지, 그것은 단지 문학의 문제에 한정되지 않는다. 정치, 경제, 사회, 문화 등 친일과 연결되는 식민지 체제 전반의 문제이다.

친일에 대한 문학적 비판은 친일문인이라고 해서 그들의 이름을 모두 지워버리거나 그들의 작품 전체를 말살시키자는 게 아니다. 그러려야 그럴 수도 없다. 어쨌든 그들은 한국 근대문학의 개척자들이었고 한국문학 발전에 기여한 것은 사실이다. 따라서 친일문인들의 행적을 무조건 친일척살식으로 경멸하거나 배척의 대상의 대상으로만 바라봐선 곤란하다. 정의는 감정의 대응이 아닐뿐더러, 그렇게 되면 청산하지 못한 역사의 안쪽 울타리에 미래로 향하는 한국문학이 갇히게 된다. 그 울타리 속에서 벗어나려면 우리는 친일문인들을 극복의 대상으로 삼아야 한다. 그동안 진지한 고민과 성찰이 부족한 점을 앞으로 보다 활발한 연구와 냉철한 비판을 통해 발전적 전망을 찾아야만 극복이 가능하다.

친일문인의 맨 앞자리에 선 김동인의 작품 역시 문학적으로 냉정한 평가를 받아야 마땅하다. 이광수의 『무정』(1915년, 장편)과 김동인의 『감자』(1925년, 단편)은 한국 근대문학의 효시로까지 얘기된다. 둘 다 적극적으로 문학을 통한 일제부역행위를 했다. 친일행적은 놔두고라도, 김동인은 소설 작품에서도 심각한 문제점을 안고 있다.

## Ⅱ. 『감자』에 대한 비판

『감자』는 1925년 「조선문단」에 발표한 단편으로 한국 근대문학 초기의 자연주의를 대표하는 작품이다. 김동인은 단편과 장편을 아우르는 많은 작품을 남겼는데, 특히 단편소설에서 기법이 뛰어났고 다양한 주제 등이 선구적이었다. 그중에서도 『감자』는 사실주의에 바탕을 두고 있다. 그러나 '계급적 관점'에서 김동인을 자연주의와 사실주의를 대표하는 작가로만 봐서는 곤란하다.

복녀는 가난한 농가의 딸이다. 열다섯 나이에 어려운 집안 형편으로 80원에 팔려 동네 홀아비에게 시집을 간다. 복녀보다 20살이나 많은 늙은 남편은 게으르고 무능했다. 부부는 칠성문 밖 빈민굴에서 살게 된다. 송충이잡이에 나간 복녀는 작업 감독의 눈에 들어 매춘을 하고 점점 타락한다. 중국인 왕 서방네 채마밭에 감자를 훔치러 갔다가 들킨 복녀는 왕 서방과 관계를 맺게 되고, 왕 서방의 정부(情婦) 노릇을 한다. 그러던 중에 왕 서방이 어떤 처녀를 돈 주고 사서 결혼한다는 소문을 듣게 된 복녀는 질투심에 사로잡는다. 왕 서방이 결혼식을 올리던 날 밤, 신방에 뛰어 들어간 복녀는 낫을 휘두르다가 오히려 왕 서방의 손에 죽고 만다. 복녀가 죽자 왕 서방과 한방의사, 복녀의 늙은 남편이 모여서 돈을 주고 받는 흥정을 하고, 복녀는 뇌일혈로 죽었다는 진단을 내린다. 복녀는 그렇게 공동묘지에 묻힌다.

### 1. 계급적 관점

계급적 본질은 중국인 왕 서방(부자)과 복녀(빈민)의 애욕이 아니다. '착취의 본질'을 드러내야만 빈부의 핵심인 계급관계가 밝혀진다. 가진 자의 횡포도 개인의 인격문제가 아니라 가부장적, 남성우월적, 봉건계급제 아래의 사회제도, 문화, 의식 등의 구조적인 문제로 접근해야 한다.

복녀의 매춘은 타락이 아니라 자신의 성을 착취당한 것이다. 거기서 벗어나지 못하고 자포자기한 것을 도덕심의 변화쯤으로 봤다. 더구나 왕 서방이 다른 처녀와 결혼하자 이것을 '질투'로 몰아갔다. 이 같은 소설의 구도는 일제 식민지 수탈로 가난에 처할 수밖에 없는 '

착취 체제'에서 한 걸음도 벗어나지 못한 작품이다.

이 작품이 발표되자, 당시 프로 문학 측에서는 김동인이 무산자 계층에 관심을 보이게 되었다고 평하였다. 이에 대해 김동인은 여러 맹인이 코끼리 만지는 식의 평가라고 일축하고, 이 작품은 어디까지나 무지의 비극을 노출하려는 데 그 목적이 있다고 해명하였다. 김동인의 말대로라면 『감자』는 현실의 추악한 면을 들추어내고, 인간의 존엄성이 상실되는 국면을 있는 그대로 제시한 작품이다.

자연주의 경향의 중요 주제 중의 하나는 사람을 자연 속에서 생겨난 하나의 동물로 본다. 사회과학적 인과관계로 보지 않는다. 즉 가난을 삶의 보편성으로 보는 것이다. 이것은 이른바 환경적 결정론이다. 복녀의 죽음도 따지고 보면 불우한 환경이 빚어낸 일종의 숙명으로 그려지는데, 그 운명은 환경에 의해 결정된 것이라고 본다. 그러므로 김동인은 복녀의 삶과 죽음을 숙명으로 돌린다. 현실의 비정성과 붕괴한 도덕성의 파멸을 극화한 점은 '소설 읽는 재미'가 있긴 하지만, 소설의 결론이 '질투'로 끝남으로써 운명의 시간은 곧 죽음의 세계로 떨어지고 만다.

이에 반해 현진건 『고향』(1926년, 조선일보 발표)은 가난의 조건을 식민지의 상황과 결부된 측면에서 본다. 식민지적 병리를 계급이념의 기준에서 해석하려는 것이다. 극도의 가난을 낳은 조건이 '무지'가 아니며, 김동인의 『감자』에서처럼 가난한 탓이 의지가 박약한 남편 때문도 아니다. 1920년대 조선의 현실과 현진건의 『고향』은 식민 통치와 더불어 시작된 일제의 농촌 수탈정책과 밀접한 연관을 갖는다. 『고향』에서는 기차 안에서 만난 조선 유랑민과의 대화를 통해서 일제의 수탈로 농토와 고향을 잃은 사람들의 참담한 삶을 폭로한다. 일제의 식민지 정책에 대한 작가의 비판 의식을 드러내고 있다.

2. 민족주의 문제

김동인의 소설에서 일제 침략기 민족적 빈곤과 비극의 원인에 대한 구체적 모색이 부족하다는 점은 소설로서 주제의식이 미흡한 한계로만 볼 수도 있다. 더 중요한 문제는 따로 있다. 김동인은 식민지 조선에 만연했던 중국인에 대한 차별의식을 가지고 있었고 이를 작품에 반영했다.

당대의 근대문학에서 중국인 이미지는 매우 적대적으로 그려진다. 인신매매, 마적과 비적, 악덕 지주로 나타난다. 생산양식의 차이에서 발생한 문제를 '탐욕적인 지주'의 화신으로, 조선 이주민에게 박해를 가하는 원주민으로 중국인을 등장시켰다. 지주계급의 착취와 제국주의 전쟁에 희생되는 조선 하층민의 '불행'만을 제시한다. 그 탐욕스러운 악역을 일본인이 하지 않고 중국인의 이미지로 보여준다. 이런 태도는 식민지 상황에서 고통 받는 민중의 삶을 보여주려는 목적에도 불구하고, 피해의식을 엉뚱한 곳으로 향하게 만든다. 여기서 발현된 민족의식이 중국인에 대한 배타적 감정으로 이어졌다.

소수자와 사회적 약자로서의 연대감은 문제의 본질을 호도하려는 지배체제에 균열을 낼 수 있다. 만주사변이 일어나고 식민지 조선인과 만주인, 중국인의 연대는 일본에게 커다란 타격이 된다. 그러나 피해의식에 편승해서 일제 군군주의가 가진 것과 똑같은 '배타적 민족주의'를 부추기는 작품은 피해자에 의한 또 다른 가해의 악순환을 만들어낸다.

김동인의 『감자』에서 돈 많은 왕 서방을 중국인으로 설정한 건 우연이 아니다. 근본적으로는 대국으로 여겨온 중국과 제국주의 일본 사이에 생존의 위협을 겪으면서 잠재된 피해의식이 중국인을 탐욕스럽고 부정적인 대상으로 삼았다고 볼 수 있다.

일제 치하 한·중·일의 노동자와 농민들은 희생자들이었다. 지배자들에게 억압당하고 없는 자들의 희생을 끊임없이 강요하는 제국주의 전쟁을 노동자·농민은 본능적으로 반대한다. 전쟁-식민지 체제가 지속되면서 생활수준의 하락과 빈곤의 심화로 인해 식민지 뿐 아니라 제국주의 일본의 지배계급에 대해서도 자국 내에서 계급적 반감을 갖고 저항할 조건이었다.

배타적 민족주의는 일본이나 독일이 내세운 지배계급의 논리였다. 오히려 식민지 민중, 피압박 민족, 착취당하는 계급의 입장에서는 그 논리를 반대하고 노동자·농민들이 이용당하지 않도록 해야 한다. 김동인의 소설에는 당시 세계사적 반제투쟁과 사회주의, 계급투쟁을 중요시하던 흐름을 찾아볼 수 없다. 어쩌면 배타적 민족주의에 경사된 관점이 '식민지 민족주의'의 반민족주의와는 전혀 다른 형태로 나타난 것일 수도 있다. 김동인의 민족주의 문제는 『붉은 산』에서 다시 살펴보겠다.

3. 반여성성의 문제

『감자』에서는 반계급적, 반여성성의 문제가 드러난다. 여성주의 시각에서, 당시 식민지 상황에서 여성은 가장 취약한 약자였다. 특히 위험에 내몰린 계급이 바로 프롤레타리아 여성이었다. 빈민 가정에서 곤궁으로 인해 몸이 팔려 시집을 가고, 생계를 책임지고, 육아까지도 여성의 몫이었다. 전쟁터에 성노예로 팔려가는 여성들은 노동력 착취는 물론 성적으로도 2중 착취를 당했다.

여성은 교육권까지 박탈당하고 돈 많은 집에 시집가거나 후처라도 들어가는 것 말고는 신분적으로 벗어날 방법이 없었다. 따라서 이들의 비참함을 개인적 비극이나 운명, 한국 여성의 숙명 따위로 그려내는 것은 사실주의와도 자연주의와도 상관없는 반여성적 작품이다.

『감자』에서 '복녀'의 죽음에 사회적 책임은 없는가?

만일 복녀의 죽음이 사회적 책임이라면 복녀의 가난한 삶은 게으른 남편 탓이 아니고, 오직 질투 때문에 왕 서방을 죽이려고 한 결론도 달라질 수밖에 없다.

『감자』의 복녀는 약간의 페미니스트 기질도 있지만, '모럴 부재'의 정신이 페미니즘이 될 수는 없다. 오히려 김동인은 『김연실전』에서 여성에 대한 편견을 드러낸다. 의식 있고 자유롭게 사는 여성들을 비판하는 혐오성도 숨기지 않았다. 김동인 자신은 부잣집 자식으로 엄청난 유산을 물려받고 유흥으로 가산을 탕진하며 방탕하게 살았으면서, 신여성의 성적 욕망은 부정적으로 형상화한다. 김동인의 여성관이 모순적이었다는 사실을 알 수 있다. 김동인의 소설『감자』에서도 은연중에 '여성'에 대한 차별성을 적용하고 있다.


Ⅲ.『붉은 산』비판

『붉은 산』은 1932년「삼천리」에 발표한 짧은 단편이다. 만주에서 고통 받는 우리 민족의 생활을 다루었다. 민족주의 색채가 짙은 이 작품은 어떤 의사의 수기 형식을 취한다. 1931년 길림에서 일어난 '만보산 사건'을 창작 동기로 삼았다는데, 꼭 그 사건이 아니더라도 이역만리 타지에서 고통스럽게 사는 조선인들 누구나 품고 있을 민족애와 동포애를 자극한다.

이 작품에서도 김동인은 중국인에 대한 차별의식을 바탕으로 삼고 있다. 조선인 마을에 흘러들어와 행패를 부리고 살던 '삵'이라는 떠돌이 인물이 중국인 지주에게 맞아 죽은 송 첨치에 대한 복수를 하려다가 죽는 것을 미화한다.

나는 의학 연구를 위해 만주의 조선인 마을에 들어간다. 20여 호 되는 그 마을은 소작으로 생계를 이어간다. 그런데 어디에서 흘러 들어왔는지 '삵'이라는 별명으로 불리는 정익호가 있다. 그는 패륜아다. 삵을 동네 사람들이 쫓아내기로 합의하나 아무도 나서지 못하고 실패한다. 그러던 중에, 송 첨지가 소작료를 싣고 만주인 지주에게 바치러 갔다가 소출이 작다고 폭행을 당해 주검으로 돌아온다. 마을 사람들은 모두 흥분하여 복수를 다짐하지만 선뜻 나서질 못한다. 다음날 아침, 삵이 동구 밖의 밭고랑에서 피투성이가 된 채로 발견된다. 그는 혼자서 만주인 지주의 집에 찾아가 송 첨지를 죽인 지주에게 복수를 하려고 했던 것이다. 삵은 애국가를 불러 달라고 하고 마을 사람들이 노래를 부르는 숙연함 속에서 죽는다.

## 1. 계급적 관점

『붉은 산』은 만주로 이주한 빈농, 소작농, 프롤레타리아트의 삶과 민족의식을 주제로 삼았으나, 그 계급적 본질은 지주와 소작농의 대립관계이다. 지주의 국적이 중국인(만주인)이든 조선인이든 일본인이든 착취구조와 생산관계의 모순은 변하지 않는다. 다만 제국주의 식민지 치하에서 이주민으로서 고통 받고, 나라 잃은 설움을 국가가 보호해주지 못하는 상황을 감안하더라도 그것은 계급모순과 민족문제를 반드시 결합시켜 다루어야 한다.

국적을 넘어서는 계급모순을 굳이 일제의 똑같은 식민지 피해자인 만주국 지주의 국적을 강조해서 민족문제로 덮어버렸다. 프롤레타리아트의 계급적 관점은 제국주의 지배계급뿐 아니라 자국-식민국가인 조선의 지배계급과도 싸워야 하는 것이다. 즉 일본, 중국, 조선의 프롤레타리아트가 하나의 계급으로 싸워야할 일이었다.

『붉은 산』은 무엇보다 만주국의 계급(구조) 대립을 생략함으로써 조선인 이주 빈농과 만주인 지주의 대립으로 단순화시켜 계급과 민족을 섞어버렸다. 더구나 애국가를 부르며 애국심을 강조함으로써 식민지 시대 항일의식으로 유일하게 남아 있던 '식민지 민족주의'의 진보성마저 없애버렸다. 이주 빈농의 만주인에 대한 저항과 비참함을 애국가로 승화시키는 애국주의, 국수주의적 기반의 민족주의를 내세웠다.

식민지하에서 조선인의 국가는 일본이었다. 조선인도 일본의 국민이었다. 제국주의 침략에 맞서 동남아시아를 비롯한 서아시아, 아프리카, 남미 등 많은 나라에서 반제국주의 운동이 일어났고, 식민지 민족주의는 세계적인 추세였다. 또한 국가, 민족, 인종, 성, 계급의 차별에 반대하는 사회주의 사상도 한 축이었다. 그런데 김동인의

『붉은 산』은 반민족주의에 반하는 작품이다. 이주 빈농에게 국가와 민족이란 무슨 의미인가, 하는 의문을 품게 하고 다른 대안을 찾도록 일깨워주지 않는다. 만주 내의 다른 피지배계급과의 연대나 동질성은 갖게 하는 전망을 가로막고 있다.

## 2. 민족주의 문제

조선인 이주 빈농들에게 만주인을 적대시 하게 만드는 민족주의는 본연의 민족주의가 아니다. 이상하고 복잡한 '식민지 내의 민족주의'의 전형이다. 이것은 이주 조선인들에게는 2중의 고통을 받으면서도 수동적으로 조국이나 민족에 기대게 하는 오류를 범하고 있다.

삵의 복수 문제도 '집단 저항'이 아닌 '개인의 복수극'으로 빈농의 계급적 단결력을 무력화시킨다. 복수극의 비참한 결과만으로 그의 악행에 대한 면죄부를 줌으로써 삵을 동정하게 만든다. 이것 또한 계급내부의 자정능력과 삵을 스스로 단죄하면서 생기는 계급의 힘을 무력화시키는 효과를 낳는다. 이 모든 게 결합하여 결국 집단의 힘을 무력화시킨다. 계급문제와 각성을 민족감정으로 자극하여 실체 없는 민족주의, 애국주의를 부각시키고 있다.

민족주의는 당시의 직접 식민지 시대에 제국주의 국가의 지배적-패권적 민족주의와 식민지 국가의 자결적-독립적 민족주의가 대립하는데, 둘 다 부르주아의 관점이다. 볼세비키 혁명 이후, 제국주의 국가든 식민지 국가든 프롤레타리아계급에겐 조국-민족이 없고, 그것을 넘어선 국제주의적 계급연대만이 진정한 민족해방-계급해방이라는 변혁적 사상의 시대였다.

그러나 식민지 민족주의가 애국주의로 빠질 때, 지배계급에게 이용당한다. 즉 제국주의 지배계급-식민지 지배계급 대 식민지 피지배계급-제국주의 내부 피지배계급 간의 대립이 아니라, 제국주의 국가 대 식민지 국가의 대립으로 민족주의는 왜곡된다. 다시 말해서 식민지 민족주의가 계급해방 중심의 저항으로 표현될 때는 진보적 측면이 있으나 애국주의, 국가주의로 빠지게 되면 그것은 국가권력과 지배계급의 이데올로기로 철저히 이용당한다.

『붉은 산』은 가혹한 중국인 지주와 혹사당하는 조선인 소작농 간의 대립이다. 송 첨치와 삵의 죽음을 뼈대로 중국인에 대한 깊은 적개심이 소설을 채우고 있다. 조선인과 중국인이 서로 민족감정과 적대감을 가지고 싸우면, 중국을 침략하려는 일본에게 그것은 너무나 유리한 국면이 된다.

문제는 중국인과 조선인 간 갈등의 핵심이자 갈등의 원인이었던 일제의 존재를 김동인이 간과한 채 그 모든 책임을 중국인들에게 미루고 있다. 김동인은 태생 자체가 평양 부호의 아들이었고 부르주아의 정신에 젖어 살았다. 그러므로 김동인에게 식민지 역사와 민족에 대한 대응은 애초부터 무리였다. 적어도 그것은 억압을 깨고 미래의 세계로 향하려는 사람들의 몫이지, 김동인 같은 친일문인의 몫이 아니었다.

### 3. 반여성성의 문제

『붉은 산』에서는 삵이 소작농 마을 여성들에게 범죄를 저지르고 그것이 일상화되었는데도, 마을 사람들이 삶을 피하거나 수동적 방어에 그치는 것으로 묘사한다. 이것은 조선의 이주농민과 프롤레타리아트 계급을 무능한 모습으로 왜곡한 것이다. 더욱이 그 안에서도 여성은 당연한 피해자이고 피해자를 수동적으로 방어하는 것은 남성이다. 즉 여성은 수동적이거나 남성의 보호대상으로 전락시킨다.

1930년대 조선의 여성들은 나약하지 않았다. 경성 꼼그룹의 여성들을 봐도 그렇다. 박진홍, 이순금, 이효정 등 여성들이 주도적인 역할을 했다. 못 배운 여성 농민이라고 해서 다르지 않다. 남성보다도 강인한 여성성이 조선 여인의 품성이기도 하다. 그리고 예로부터 우리나라에는 특유의 마을공동체 정신이 있다. 공동체가 파괴된 지금이 더 불안한 사회다. 그 시기엔 누구라도 함부로 행동하기 힘들었다. 제 아무리 흉포한 자라고 할지라도 왜적도 아니고, 마을에 어떤 놈이 나타나서 여성을 범하였다면 마을 사람들이 절대 가만 둘리 없다. 삶의 행동은 전통적 조선의 마을 풍습에도 맞지 않는다.

## Ⅳ. 맺으며

이상 『감자』와 『붉은 산』을 중심으로 계급, 민족, 여성주의 관점에서 김동인의 두 작품을 살펴보았다. 이 작품이 나온 시대적 배경에서 가장 문제가 되는 점을 지적하자면, 결론적으로 다음과 같이 정리할 수 있다.

1. 김동인 소설에서는 반중감정은 있을지라도 반일정서는 전혀 찾아볼 수 없다.

2. 김동인은 똑같은 식민지인이 힘을 합쳐 일제에 대항하지 않고 있다. 일본인을 적으로 삼지 않고 만주인과 조선인의 감정을 자극하여 식민지 백성들끼리 싸움을 부추긴다.

3. 김동인의 『감자』와 『붉은 산』은 인종, 민족, 계급, 여성의 차별을 없애자는 인간해방, 계급해방을 거스르는 반동적인 의식이 깃든 작품이다.

4. 『감자』와 『붉은 산』에서 중국인에 대한 배타적 민족주의는 결국 일본 제국주의에게 이득이 되고 일본인에게 유리한 결과를 낳는다.

2020년, 올해도 조선일보 주관 동인문학상 심사결과가 발표되었다. 일본군 위안부 문제에 집중하여 여러 권의 소설을 썼던 김숨 작가가 수상자로 선정(수상작『떠도는 땅』) 되었다는 게 정말 아이러니한 일이다.

문학과 인물에 관한 긍정과 부정, 반대와 옹호는 있을 수 있다. 그러나 친일문인을 기리는 문학상은 찬반과는 별개의 문제다. 친일문인의 이름으로 된 문학상은 개인 인물들이 남긴 문학의 공과와도 관계없다. '옳고 그름'이라는 문제다. 논란이 필요 없는 상식의 문제다. 문학의 정체성과 사회의식의 관점에서 보면, 보수언론과 문언유착의 형태로 손잡은 '친일문인기념문학상'이 유지되고 있는 것은 그야말로 언어도단이다.

**임성용**
전남 보성 출생. 〈전태일문학상〉 수상. 시집 『하늘 공장』 『풀타임』 『흐린 저녁의 말들』. 산문집 『뜨거운 휴식』.

# 아름다운 작가

## 특집 II

한국문단의 적폐,
친일문인기념문학상 폐지운동

임성용

# 한국문단의 적폐, 친일문인기념문학상 폐지운동*
– 한국작가회의 자유실천위원회 활동을 중심으로

임성용

들어가며

2014년, 8월 15일. 박근혜는 기념사에서 "오늘은 광복 70주년 건국 67주년"고 말했다. 대통령이 이승만에 의한 남한단독정부수립을 '건국절'로 언명한 것은 헌법을 부정하는 발언이었다. 헌법 전문에는 '우리 대한민국은 3.1운동으로 건립된 대한민국 임시정부의 법통과 불의에 항거한 4.19민주이념을 계승하고'로 명문화되어 있다. 그럼에도 박근혜 뿐만 아니라 새누리당 의원 중에서는 건국절을 '법제화'하자는 주장을 하기도 했다. 건국절 제정까지 들먹이는 세력들은 그동안 뉴라이트계열의 학자, 보수언론, 어용지식인들이 줄기차게 제기해온 주장을 공식화하겠다는 것이었다. 박근혜의 언급대로라면 한마디로 대한민국은 건국 67년에 지나지 않은 신생국가가 되는 셈이었다. 그들에게 건국절이 필요한 이유는 단 한가지였다. 나

---

* 3·1운동 100주년, 임시정부 100주년 기념 『한국문학사 재조명 국회 정책토론회』(2019. 2. 26) 발제문

라의 적통을 친일세력들에게 돌리고 그 후예인 자신들이 계속 지배세력으로 행세하고 싶기 때문이었다. 그러기 위해서는 그들의 선대가 저지른 친일 역사를 숨기고 친일파를 건국유공자로 만들어야 했다. 하지만 세계 대부분의 국가는 건국절이 없다.

박근혜는 단순히 역사왜곡을 넘어서는 '역사세탁'을 본격적으로 시작했다. 건국절 시도는 하나의 술책에 불과했고, 극심한 반대여론에도 불구하고 역사교과서 국정화를 추진했다. 교과서를 통해 친일세력을 건국의 주역으로 환치하면서, 이 나라 모든 적폐의 뿌리인 친일보수세력들이 대대손손 기득권을 유지하려는 망동이었다. 교과서국정화는 제2의 유신이었다. 아울러 일본군 성노예 피해자들의 동의도 없이, 그 어떤 합의과정의 공개도 없이 '조선인위안부 한일합의'를 했다. 이러한 박근혜의 반역사적, 반민족적 폭거는 정치사회 전 분야에서 진행되었고, 역사의 시계를 거꾸로 돌리려는 음모의 칼날을 더욱 노골적으로 겨누었다.

해방 70주년을 맞이한 광복절의 의미는 남달랐다. 한국작가회 내에서는 친일문인 문학상의 대표 격인 미당문학상에 대한 비판이 이때, 재등장했다. 2001년 이후에 슬그머니 잦아든 친일문인기념문학상 논란이 미당문학상 제정 15년 만에 다시금 문단의 수면 위로 떠오른 것이었다. 한국작가회의 게시판에는 '친일문인문학상을 규탄한다'는 규탄서가 올라왔다. 해가 바뀐 다음에도 규탄 분위기는 지속되었다. 2015년 2월, 한국작가회의 총회장에는 '미당문학상·동인문학상'을 반대하는 피켓시위가 벌어졌다. 작가들을 대상으로 반대서명도 진행되었다.

친일문인기념문학상 반대와 폐지의 목소리가 터져 나오게 된 배경에는 박근혜 정부의 '적폐'가 자리 잡고 있었다. 자신의 입으로 '적폐청산'을 외쳤지만, 정작 자신의 아버지부터가 적폐청산의 최우선 대상이었다. 바로 '친일세력'과 '반민주독재세력'을 기반으로 하고 있는 박근혜 자신은 물론 자신을 둘러싼 주변 사람들 모두가 적폐의 몸통이었다. 따라서 적폐척결의 화살은 곧 박근혜에 의해 박근혜 자신에게 되돌아왔다.

화살의 과녁은 뜻밖에도 '최순실 국정농단사건'이었다. 급기야 최순실 사건을 도화선으로 "박근혜 탄핵" "박근혜 퇴진"을 외치는 촛불들이 광화문 광장을 가득 메웠다. 시민들의 분노가 6개월 동안 꺼지지 않은 촛불로 변했고, 그것은 세계사에 유래가 없는 '아름다운 민주주의 혁명'으로 완성되었다. 탄핵심판이 박근혜 대통령직 파면으로 결정났고, 박근혜는 구속되었다. 조기선거를 실시하고 문재인 정부로 정권이 교체되었다. 새로운 정부의 탄생은 일천칠백만 촛불들의 항거가 결정적이었다.

2016년 겨울부터 2017년 봄까지, 박근혜 탄핵과 광화문 촛불, 대통령 선거의 승리, 온 나라 국민들의 열기가 가장 뜨겁던 시기에 시민들의 한결같은 염원은 '민주주의의 회복'과 '적폐청산'이었다. 문화예술인들은 이른바 블랙리스트 '박근혜 퇴진캠프'를 광화문 광장에 설치하고 블랙텐트를 중심으로 거점투쟁의 선봉에 섰다. 작가들의 슬로건은 문학계의 적폐청산에 집중되었다. 그것은 자연스레 친일문인기념문학상 반대운동으로 바뀌었다. 촛불정국 속에서 한국작가회의의 대외적 활동기구인 자유실천위원회는 선도적인 투쟁을 이끌었다. 자실위 소속 100여 명의 작가들은 '친일문인기념문학상

=문단적폐'라는 인식을 공유하고 친일문인기념문학상 반대토론회, 서명운동, 친일시 전시회, 서대문형무소 낭독회, 미당문학상 시상식장 항의집회 등 다양한 활동으로 한국문단을 각성시켰다. 친일문인기념문학상 반대운동은 문학계의 큰 주목을 받았고 언론의 주요 이슈가 되었다. 점차 시민대중들의 관심과 호응을 얻었다.

## 1. 친일문인기념문학상의 쟁점

2001년 8월4일, 중앙일보에서는 서정주 시인을 기리는 미당문학상을 제정했다. 잘 알다시피 서정주는 일제 강점기에 친일시와 친일 글을 썼고, 해방 이후에는 이승만 전기를 집필하기도 했다. 그의 친일행적은 친독재 행적으로 이어졌고, 민주주의를 짓밟은 군사쿠데타의 수괴이며 5.18광주학살로 권력을 찬탈한 전두환을 찬양하기에까지 이르렀다.

조선일보와 더불어 대표적인 보수언론사인 중앙일보에서 친일·친독재문인의 상징적인 존재인 '미당문학상'을 제정하자, 당시 민족문학작가회의(현 한국작가회의)에서는 친일문학의 부역자이며 친독재 성향이 뚜렷한 서정주를 기념하는 문학상을 반대하고 이에 대한 문제제기를 하고 나섰다. 미당문학상 반대는 진보적 작가단체인 민족문학작가회의만이 아니었다. 경향 각지의 작가들은 '미당문학상 제정 반대성명서'를 일제히 발표했다. 한국민족예술인총연합과 민주노총, 민족문제연구소를 비롯한 문화예술, 노동, 사회, 역사단체, 시민단체에서도 한 목소리로 미당문학상 제정 취소를 요구하고, 오히려 역사적 단죄가 필요한 친일문인을 기념하는 행위를 강도 높게 비판했다. 민족문학작가회의 각 지방의 지회에서는 미당문학상의 수상 및 심사 참여를 거부하기로 결의했다.

그런데 결정적으로 민족문학작가회의 본회에서는 아무런 대응을 하지 않았다. 이문구 이사장은 서정주의 장례식에 조사를 쓰고, 좌와 우의 대립이나 갈등을 경계하는 마음을 나타냈다. 영욕의 시대를 살다간 서정주 시인에게 인간적인 연민의 심정과 함께 한국문학계를 위한 화합이 필요하다고 말했다. 그러자 미당문학상 반대와 심사 및 수상 거부의 목소리는 언제 그랬냐는 듯이 사라졌다. 다음 해부터 미당문학상은 문단에서 가장 영향력 있는 대다수의 시인들, 원로들, 교수들, 문학평론가들이 심사에 참여했다. 이름 있는 시인들이 그 영예로운 수상의 영광을 마다하지 않았다.

그리하여 미당문학상은 아무런 탈 없이 17년 동안 진행되었다. 중앙일보라는 언론재벌의 후광을 등에 업고 상의 권위, 문단에서의 명예는 날로 높아졌다. 서정주를 기리는 '친일문인문학상'이 한국 최고 시문학상의 당상에 오른 것이다. 미당문학상 제정으로 친일문인들과 미당문학의 논란이 잠시 점화되던 시기에, 고은 시인이 미당의 천박성을 신랄하게 비판한 적이 있었다. 하지만 그 후로 문인들은 크게 주목할 만한 비판도 하지 않았고 친일문인기념문학상 전반에 관한 반응 자체를 보이지 않았다. 되려 친일문인들의 이름으로 된 기념문학상은 날로 늘어만 갔다. 여기에는 문인들이 누구보다도 자발적으로 협조했다. 더 이상 친일문인들의 반역사, 반민족 배반행위는 한국의 문단에서 문제될 게 없었다. 언젠가부터 그 문제를 비판하는 사람이 이상스런 취급을 받았다. 친일문인기념문학상 수상자에게 최소한의 성찰을 말하는 대신, 그런 문학상을 비판하고 반대하는 사람들을 향해서 '문학을 모르는 이단아'로 매도하였다. 심사와 수상자들은 찬사와 축하의 박수를 받고 반대자들은 상스러운 세력으로 손가락질 당했다.

  2009년, 민족문제연구소에서 편찬, 발간한 '친일인명사전'에는 친일문화예술계 인사 43명의 면면이 공개되어 있다. 다수가 근현대 문학을 이끈 문인들이다. 친일문화예술인들 43명에게는 대한민국 정부가 총 66건의 훈장을 수여했다. 정부의 훈장은 독립운동가에게는 인색했고 친일인사들에게는 관대했다. 문화예술을 국가와 민족을 위한 희생이 아닌 통치수단으로 활용했기 때문이다. 훈장을 받은 대표적 친일 문인은 서정주, 유치진, 유진오, 모윤숙, 조연현 등이다. 이들 문인들은 문학을 수단으로 삼아 일제의 조선식민지 지배를 선전하고 정당화했던 인물들이다. 친일문인들은 한국근현대문학을 개척한 '업적'만으로 평가를 받아 이들의 문학상이 거의 제정되었다.

  따지고 보면 해방 73년이 지난 오늘날에도 '존경하는 인물'들에 대한 기념사업을 하려고 할 때, 그들은 친일문제나 독재지지의 덫에 결코 걸리지 않는다. 기념물, 기념관, 문학상 등이 만들어지고 버젓이 유지되고 있는 배경은 다른 데 있지 않다. 과거 박정희 시대에 독재정권의 입맛에 맞는 친일문인들의 기념사업을 무책임하게 양산한 결과이다. 도덕성 부재와 민족사의 정신사적 왜곡, 문학정신의 훼손이라고 밖에 볼 수 없는 친일문인기념사업을 아직도 중단하지 않는다. 현재까지 '친일문인기념사업과 기념물 현황'을 살펴보면 다음과 같다.

〈표〉 친일인명사전에 수록된 문인의 기념사업·기념물 현황

| 성명 | 형태 | 주체·지역·지역·시행연도 | 비고 |
|---|---|---|---|
| 김기진 | 팔봉비평문학상 | 유족들의 기금 출연으로 1990년 한국일보사 제정(2018년 제29회) | 금성화랑 무공훈장 |
| 김동인 | 묘비 | 강원도 원주시 | |
| | 문학비 | 서울 광진구 어린이공원 야외음악당 옆 | |
| | 문학상 | 사상계사(1955) → 동서문화사(1979) → 조선일보사(1987) | |
| 노천명 | '시' 조각벤치 | 종로구 인사동 시석거리 | |
| | | 내용 : 시석거리에 조성될 돌벤치 100여 개 중에 노천명의 '사슴' 조각 | |
| | | 예산 : 종로구 | |
| | | 관련단체 : 인사동전통문화보존회·시인협회 | |
| | '사슴' 시비 | 경기 과천 어린이대공원 | |
| | | 부산 어린이대공원 '시가 있는 숲' | |
| | 묘소·시비 | 경기도 고양시 벽제읍 천주교 묘지 | |
| | 노천명문학상 | 한국시연구협회 주최(2001~) | |
| 모윤숙 | 문학산실 | 1996년 문학의 해 조직위원회가 문화유적지로 지정 | 예술원상 (1967) 국민훈장모란장(1970) 3·1문화상 (1979) 금관문화훈장(1991) |
| | 명성황후 순국숭모비 | 경복궁 내 순국숭모비에 건립위원 이름으로 '부회장 모윤숙'이라는 글자가 새겨져 있음 | |
| | 모윤숙문학상 | 한국시연구협회(2007~) | |
| 서정주 | 미당시문학관 | 전북 고창 주관으로 부안면 선운분교 2,800여평 부지에 시비, 세미나실 건립(2001) | 금관문화훈장 추서 (2000) |

| | | | |
|---|---|---|---|
| 서정주 | 미당시문학제 | 한국문인협회 고창지부, 미당의 시를 사랑하는 사람들 모임 결성<br>2002년 시행 추진 중 전북시민들의 반대로 취소<br>2005년부터 '미당문학제'로 변경되어 개최 | |
| | 열린시세상 창작회 | 미당문학관 기행과 미당시 재조명 추모행사 등 | |
| | 미당문학상 | 2001년 중앙일보 제정<br>2018년 중앙일보에서 운영 중단 | |
| | 시비 | 선운사 동구(고창 선운사 앞)<br>'국화 옆에서'(무교동 효령빌딩 앞)<br>'동천'(구례 화엄사 앞)<br>'의랑 논개'(진주 촉석루 앞) | |
| | 철도박물관 건립기념비 | 철도박물관 앞 건립기념비에 서정주의 글귀(1988) | |
| 유진오 | 현민국제법 학술상 | 제정 : 대학국제법학회 | 학술원 공로상<br>대한민국 문화훈장 |
| | 15주기 추모식 | 2002년 8월 | |
| 유치진 | 동랑예술센타 (드라마센타) | 1996년 문학의 해 조직위원회가 문화 유적지로 지정 | 동랑·청마 기념사업회<br>청마문학상 |
| | 동랑연극제 | 서울예대 주관 | |
| | 동랑희곡상 | 통영시 주관 | |
| | 동랑청소년 종합예술제 | 1962년(서울예대) | |
| | 동랑청소년 연기교실 | 2002년(서울예대) | |

| | | | |
|---|---|---|---|
| | 동랑유치진 연극상 | 1977년 제정 | |
| | 흉상 | 1995년 통영문화재단 자진 철거 / 월탄 박종화의 명문 / 남산예술센타 입구 (현재) | |
| 이광수 | 기념비석 | 문학산실 '다경향실' (경기 남양주 봉선사) 기면비석 : 1996년 문학의 해 조직위원회가 문화유적지로 지정 | |
| | 시비 | 시비 '산에 가면'(광동중학교 건립, 1976) 경기 남양주시 진접면 광동중학교 근처 | |
| | 기념비 | 춘원이광수기념사업회 남양주, 양주, 진건면 시릉3리(3개) | |
| | 시조비 | '해운대에서' 시조비(부산 해운대) | |
| | 춘원문학상 | 한국문인협회 춘원문학상 추진 좌절 동서문화사에서 제정 시행(2017) | |
| 이무영 | 무영제 | 한국예총 음성지부(1994) 현재 동양일보 주관 | 서울시 문화상 (1956) |
| | 무영로 | 설성공원길 | |
| | 문학비 | 충북 음성군 설성공원, 군포 능내공원 (1999) 군포시청 자진 철거(2015) | |
| | 생가 | 충북 음성 오리골, 문화유적기 지정 (1996년 문학의 해 조직위원회) 기념비, 흉상 | |
| | 무영정, 생가 표징비 | 2002년 | |
| | 무영문학상 | 2000년~ 동양일보 제정 | |

| | | | |
|---|---|---|---|
| 이서구 | 문학비 | 1995년 설립<br>시흥시 방산동(시흥시 향토자료실) | |
| | 묘비 | 시흥시 후원 설립(비문 : 조선일보 이규태) | |
| 이원수 | 생가 | 경남 양산시 북정동 | |
| | 시비 | 시비 '고향의 봄' 마산 산호공원 | |
| | 이원수문학비 | 서울 광진구 어린이대공원 | |
| | 고향의 봄 도서관 | 2002년 개관(창원시 서상동)<br>도서관 지하 1층에 이원수문학관 | |
| 조연현 | 조연현문학상 | 1982년 제정(한국문인협회) | 3·1문화상<br>대한민국예술원공로상<br>5월문예상 |
| | 문학산실 | 1996년 문학의해조직위가 문화유적지 지정 | |
| | 생가 | 서울 종로구 세종로 미관광장 내<br>세종시 전동면 배일길 | |
| 채만식 | 채만식 탄생100주년 기념행사 | 2002년 군산시 주관(시의회 예산삭감해 무산) | 시민단체의 반발과 군산시의회 결정으로 100주년 기념행사 취소 |
| | 채만식문학관 | 주관 : 군산시 예산 23억원<br>부지 : 군산시 내흥동 4만 2천평 | |
| | 채만식문학상 | 주관 군산시(2002년~) | |
| | 생가 | 전북 옥구군 임파면. 1996년 문학의해 조직위 문화유적지 지정 | |
| | 묘소 | 전북 옥구군 임파면 개남리 야산 | |
| | 문학비 | '탁류' 문학비<br>전북 군산시 해망동 월명공원 | |
| | 채만식연극제 | 주최 : 군산지역극단 | |
| | 소설비 | 군산시 장미동 (옛조선은행 옆, 1996년, 군산문화원 건립) | |

| | | | |
|---|---|---|---|
| | 채만식기념사업회 | 1995년 설립<br>시흥시 방산동(시흥시 향토자료실) | |
| | 채만식 50주년 문학제 | 대산문화재단, 민족문학작가회의 (2000) | |
| 최남선 | 시비 | 강북구 수유동 | |
| | 생가 | 강북구 우이동<br>1996년 문학의해조직위가 문화유적지 지정<br>2003년 재개발로 헐림(시문화재지정 건의 기각됨) | |
| | 육당시조문학상 | 창작, 학술분야를 윤년제로 운영 | |
| | 독립기념관 내 전시 | 육당 미화 | |
| | 육당학술상 | 한국문인협회 육당문학상 추진 좌절<br>동소문화사에서 '육당학술상'으로 제정 운영(2017) | |

\* 출처 : 《친일문인기념문학상 반대 긴급토론회 – 친일문인기념문학상 이대로 둘 것인가?》
〈친일문인 기념사업의 현황과 문제인식〉 발표자 박한용, 자료집 11쪽, 2016. 11. 29.

    왜 이렇게 많은 친일문인기념사업이 널려 있고, 중앙정부와 지방 지자단체에서는 국가 예산을 들여 장려하고 있을까? 정부 지원사업예산은 국민들의 세금이다. 나라를 배반하고 일제치하 식민지 백성들을 사지로 몰아넣은 문인들을 정부가 이렇게 공을 들여 기념하고, 국가에서는 훈장을 수여하고, 각종 문학관과 기념비, 문학상을 다투어 만들어도 되는 것일까?
    친일문인기념문학상의 고민은 중앙일보에서도 미당의 친일·친독재 논란을 의식한 때문인지 〈미당문학상〉 제정의 변을 밝혔다.

"대부분의 문인들이, 미당이 우리 현대시에 끼친 공이 그의 흠결을 덮고도 남을 만하다는 데 동의했고, 현 정부에서도 '미당에 대해서는 시로 말해야 옳다'며 금관문화훈장을 추서한 사실에 유념하며 오랜 논의 끝에 상을 제정하게 됐다."

여기엔 재벌언론과 문학의 유착이 여실히 드러나 있다. '미당의 공이 흠결보다 크다'는 이유는 미당을 긍정하고 수용하는 모든 문인들의 변이기도 하다. 이것은 미당을 비롯한 친일문인기념문학상에 찬성하는 쪽과 반대하는 쪽의 영구적인 쟁점이 되었다. 공과 과의 문제는 대립일 뿐이다. 이런저런 문학적 논리를 만들어내고 동의를 구하려고 애쓴 사람들은 오로지 찬성자들이었다. 그리고 문단 전체가 마치 동의하는 것처럼 몰아갔다. 공이 중요하지 과는 쓸데없이 이야기할 필요가 없다는 그들의 주장은 '문학과 인간의 분리'라는 궤변을 주입시켰다. 어느새 존재론적 인간으로서 작가의 모든 것을 한낱 작품으로 덮어버린 풍토는 학계와 출판, 언론과 정치, 사회와 문화예술 전반을 지배했다. '지배적인 권력'을 가진 자들이 절대적인 영향력을 행사할 수 있게 만들었다. 특히 문학에서는 침범하기 힘든 '권력화 된 권위'가 작용하고 그들의 힘을 얻어야 하는 문인들은 거기에 따르는 것을 당연하게 여겼다.

친일문인기념문학상의 본질적인 문제점은 맹문재 시인(안양대 교수)이 조선일보의 가대 자본과 안티조선의 방어전략 관점에서 비판한 적이 있다.

> '동인문학상은 1955년 사상계사에서 제정한 것으로 현대문학상과 더불어 문학상의 역사를 본격적으로 열었다. 그렇지만 1967

년 중단되었고, 1979년부터 동서문화사가 운영하다가 1986년 다시 중단되어, 1987년부터 조선일보사가 주관해오고 있다. 2000년부터는 4명의 소설가와 3명의 평론가를 종신 심사위원을 위촉하고 상금도 5천만원으로 인상했다. 하상일은 조선일보사의 그와 같은 의도가 안티조선 운동의 확산을 막기 위한 전략이라고 보았다. 문단의 권위 있는 심사위원을 조선일보의 원군으로 내세움으로써 안티조선 운동에 방어막을 형성하려는 전략이라고 본 것이다. 그리하여 친일문학상이라는 본질적인 문제점뿐만 아니라 거대한 자본과 대중에 대한 영향력을 무기로 문인들을 줄 세운다고 비판했다.
―「문학상의 빛과 그림자」, 『현대시학』, 맹문재, 2009년 7월호.

오창은 평론가(중앙대 교수)는, 친일청산이 우리 사회에서 끊임없이 제기되고 있지만 문학 분야에서 그 당위성을 인정받지 못하는 이유는 직접적으로 일상생활에 영향을 미치는 분야가 아니라 비가시적인 이데올로기의 영역이기 때문이라고 보았다. 또한 문단 내부의 인적 관계가 영향을 미친다고 보았다. 가령 동인문학상의 제1회 심사위원은 9명이었는데, 그 중에서 김팔봉, 백철, 최정희, 이무영, 정비석, 이헌구 등 6명이 친일작가로 구성된 사실에서 볼 수 있듯이 서로 공모관계를 형성해 반성 없이 시행되고 있다고 지적했다. 이 지적에서도 친일문인기념문학상은 작가의 업적을 단순하게 인정하기 위해서 만들어진 게 아니라는 것이다. 더구나 문학상을 운영하는 주관언론사의 보수적 문화지배이데올로기에 심사자와 수상자는 물론이고 대부분의 문인들이 사로잡혀 그 성찬을 받아들고 축제를 벌이는 일에 기꺼이 동참했다.
  친일문인을 기념하는 문학상에는 특별한 정체성도 없다. 친일문인들의 이름이 새겨진 문학상은 한국의 문학 발전과 미래에도 전혀 기여한 바 없다. 가장 중요한 점은 친일문인기념문학상이 문학의 본질에서 벗어난 것이고, 따라서 '문학상' 전체를 참으로 무의미하게 만들었을 뿐이었다. 이처럼 지극히 모순된 상은 '문학' 말고는 찾아볼 수 없다. 음악, 미술, 조각, 영화, 춤, 건축 등 다른 예술분야와 비교해보면 유독 문학만이 기념사업이 차고 넘친다는 사실을 금방 알 수 있다. 문학상이 작가를 격려하고 좋은 작품에 대한 보상이라는 순수한 목적을 가지려면 '정서적 동의'와 '사회적 합의'가 있어야 한다. 그 어떤 고민의 지점이 없는 친일문인문학상을 작가들끼리 서로 동조하면서 동업자끼리 주고받는 행위는 문학과 인간에 대한 또 다른 배반이다. 그러므로 친일문인문학상은 옳고 그름의 문제가 아니다. 도덕과 정의의 문제이다. 문학의 쟁점조차 될 수 없다.

## 2. 친일문인기념문학상 폐지운동의 과정

2016년, 한국작가회의 자유실천위원회(이하 자실위)에서는 친일문인기념문학상 폐지, 반대를 위한 본격적인 대응을 논의했다. 자실위 작가들이 앞장서서 주체적인 활동을 모색하기로 의견을 모았다. 자실위의 반대운동에 시민단체인 민족문제연구소(이하 민문연)에서도 적극적으로 결합했다. 2016년~2017년 2년 동안, 자실위와 민문연이 주도적으로 전개한 활동들은 이렇다.

### 육당·춘원문학상 제정 규탄 기자회견

일제하 대표적인 친일문인 육당 최남선과 춘원 이광수 문학상을 문인협회에서 제정하겠다는 소식을 접하고, 자실위와 민문연을 비롯한 역사·시민단체에서는 기자회견을 열고 육당·춘원기념상 제정을 철회할 것을 촉구했다.

일시: 2016년 8월 4일
장소: 대한민국예술인센터 앞

**친일문인기념문학상 반대 토론회**

2017년 제16회 미당문학상 시상식을 앞두고, 자실위와 민문연 공동주관으로 '친일문인 기념문학상 반대 긴급 토론회'를 개최하였다. 토론회 개최의 취지와 목적은 '지난 40년 동안 민족문학과 민중문학의 올곧은 정신을 지키기 위해 노력해 온 한국작가회의가 '친일문인기념문학상'으로부터 자유롭지 못하고 정체성마저 훼절되고 있다'는 문제의식을 갖고 친일문인과 기념사업(문학상)의 상황, 그리고 향후 대책을 마련하기 위해서였다.

주제: '친일 문인 기념 문학상' 이대로 좋은가?
일시: 2016년 11월 29일(화) 오후 2~6시.
장소: 대학로 함춘회관(서울대 총동창회관)
주최: 한국작가회의 자유실천위원회 / 민족문제연구소
후원: 내일을 여는 역사재단, 역사정의실천연대
참석자: 100여명

토론회 프로그램

[전체 진행] 유종순(시인, 문화평론가)
[인사 말씀] 최원식(한국작가회의 이사장)
[기조 강연] 임헌영(민족문제연구소 소장)
[주제 발표]
사회: 김응교(시인, 숙명여대)
발표1 '친일' 문인 기념사업의 현황과 문제인식
발제: 박한용(민족문제연구소 교육홍보실장)
토론: 김점용(시인)

발표2 부끄럼의 부재와 세속주의-미당 시의 훼절 구조
발제: 임동확(시인, 한신대)
토론: 정세훈(시인, 리얼리스트 100 상임대표)

발표3 '친일' 문인 문학상 정당화 논리, 절대주의 문학관의 문제들
발제: 이규배(시인, 성균관대)
토론: 안재성(소설가, 전태일문학상 운영위원장)

발표4 디지털 시대에서 민족문학의 진로
발제: 이도흠(문학평론가, 한양대)
토론: 김란희(문락평론가, 고려대)

[종합 토론]
사회: 노혜경(시인)

[총평]

임헌영(문학평론가, 민족문제연구소 소장)
맹문재(한국작가회의 자유실천위원회 위원장)

**친일문학상 반대 온라인 서명운동 전개**

'친일문인기념문학상 반대 토론회'는 많은 작가들과 시민들의 참여로 성황리에 마쳤다. 이에 힘입어 작가들과 시민들을 상대로 한 '친일문학상 반대 온라인 서명운동'을 전개했다. 서명운동에는 300여 명의 작가들과 1,200여 명의 시민들이 참여해주었다. 서명지 전문을 보면 친일문인의 상징과도 같은 미당문학상과 동인문학상을 반대하는 이유와 폐지 촉구 주장을 분명하게 적시했다.

친일문인 문학상을 반대하는 한국작가회의 자유실천위원회 작가들은 다음과 같이 요구합니다.

1. 우리는 한국작가회의의 근간이 되는 반독재 민주화 투쟁과 민족민중문학의 정신을 이어받고, 문학의 실천의식을 견지해온 자유실천문인협의회의 40년 역사성이 더 이상 친일문인문학상으로 오염되고 왜곡되는 것을 이대로 두고 볼 수 없습니다. 친일문인의 대명사인 미당문학상과 동인문학상을 반대합니다.

2. 한국문학의 미래와 올곧은 역사, 참다운 문학사적 정신을 바로 세우기 위해서라도 '친일문인문학상' 주관사인 조선일보와 중앙일보는 역사와 국민 앞에 사과해야 합니다. 미당문학상과 동인문학상 운영 및 수상자 선정을 중단할 것을 요구합니다.

3. 한국작가회의 소속 회원들은 친일문인문학상 심사를 거부하고 작가들은 이 상의 수상을 거부할 것을 촉구합니다. 아울러 여기에 뜻을 함께 하

는 작가들은 친일문인문학상 철폐운동에 적극 동참해줄 것을 부탁드립니다.

4. 친일문인문학상 수상자와 심사위원을 회원으로 두고 있는 한국작가회의는 단체의 정체성을 고민해야만 합니다. 친일문학상에 대한 진지한 고민을 공개토론회나 학술심포지엄 등을 통해서 다양하게 비평 담론을 확장시켜줄 것을 요청 드립니다.

5. 한국작가회의에서는 미당문학상과 동인문학상을 회원 개인이나 작가 개인의 일로 치부해서는 안 됩니다. 이에 대한 공론화된 장을 마련해야 합니다. 개별 수상자와 별개로 단체의 성격에 입각하여 친일문인문학상을 어떻게 규정할 것인지, 명확한 반대 입장이 아니라면 향후 어떤 자세를 취할 것인지를 분명히 밝혀주시기를 바랍니다.

### 친일문인 기념문학상 폐지를 위한 내부 토론회

한국작가회의는 2016년 2월 18일, 제30차 정기총회에서 총회 자료집을 통해 '친일문인기념문학상' 문제를 한국작가회의 회원들이 함께 고민하고 토론의 장을 마련하기로 했다. 그동안 논란이 되어 왔던 친일문인문학상에 대한 이사회의 논의과정과 향후 방안을 총회 자리에서 직접 발표하였다.

일시: 2017년 3월 25일(토) 14:00
장소: 서울유스호스텔 지하 1층 소회의실

사회: 고명철(평론분과 위원장)
발표: 김진경(시인), 이영광(시인), 임성용(시인), 장성규(평론가)

토론1 김진경(시인)
-친일문학에 대한 중층적 접근이 필요하다
토론2 임성용(자유실천위원회 부위원장)
-햄릿 증후군, 한국작가회의는 결정장애를 극복해야 한다
토론3 이영광(시인)
-미당의 시와 〈미당문학상〉
토론4 장성규(평론가)
-'친일문인기념문학상'과 관련된 몇 가지 단상

**광복 72주년 기념, 친일문학상 반대 서대문 독립기념관 행사**
**"반민족·반역사의 문학을 읽다"**

주관: 한국작가회의 자유실천위원회, 민족문제연구소
일시: 2017년 8월 15일(화) 10시~18시
장소: 서대문형무소역사관

전시회 및 부대 행사
-친일문인과 그들의 작품전
-친일문인 기념문학상 반대 기자회견 및 낭독회
-시민 대상 친일문인 기념문학상 폐지 서명 운동(1,500여명)

**김성동 소설가 초청강연회**
**"문학과 인간, 문학과 역사"**

일시: 2017년 10월 20일(금) 저녁 6시

장소: 대학로 좋은공연안내센터 다목적홀

행사내용: 1부 강연회/ 2부 항일시, 친일시 낭독

### 제17회 미당문학상 시상식 항의 집회

2017년, 제17회 미당문학상 주관사인 중앙일보에서 시상식 일정을 언론에 알리지도 않고 진행하였다. 자유실천위원회와 한국민족예술인총연합 등 시민단체, 그리고 시민들은 미당문학상 시상식 장소에서 항의집회를 진행하였다.

일시: 2017년 12월 5일(화) 저녁 5시 30분~ 7시 30분
장소: 한국프레스센타 앞
주최: 한국작가회의 자유실천위원회
주관: 한국민족예술인총연합
참여단체: 민족문제연구소, 역사정의실천연대, 대학생문학모임 '부도심' 외

1. 한국민족예술인총연합 '미당문학상' 규탄 발언
   -정세훈 민예총 이사장(시인)
2. 한국작가회의 자유실천위원회 '친일문학상 반대운동' 경과보고
3. 민족문제연구소 '친일문학상 폐지' 항의발언
   -권위상 민족문제연구소 운영위 부위원장(시인)
4. 시민단체 및 대학생, 작가지망생 항의발언
5. '친일문인기념 미당문학상을 폐지하라' 성명서 발표

## 3. 친일문인기념문학상 폐지운동의 의미와 성과

2016년, 제16회 미당문학상 시상식을 앞두고 열린 이른바 '친일문학상 반대 토론회'는 친일문인 기념사업의 일환으로 운영되는 통칭 '친일문학상' 문제제기를 한국문학계에 공개적으로 던지는 계기였다. 토론회를 기폭제로 해서 미당문학상에 대한 비판이 뜨겁게 점화되기 시작했고, 사회적으로도 문인들의 반성과 각성을 요구하는 여론이 형성되었다.

2017년 3월 25일, 한국작가회의에 사무처에서 직접 주관한 '친일문학상 내부토론회' 역시 매우 중요한 의미가 있었다. 이날 열린 내부토론회는 문학의 주체인 작가들과 문단 내부에 '친일문학상' 문제를 주요한 관심사로 떠오르게 했고 언론에서도 문학쟁점으로 부각되었다. 친일문학상에 대한 비판적 공감대가 커진 것은 미당문학상 반대와 폐지를 요구하는 시민들의 목소리 또한 거세졌기 때문이었다.

시민사회 여론은 좀체 수그러들지 않았고 때마침 박근혜 탄핵이라는 정치적 '적폐청산' 분위기와 맞물려 더욱 확산되었다. 그러자 2017년 미당문학상 후보에 오른 명망 있는 시인들이 미당문학상 후보가 되는 것 자체를 거부하기도 했다. 송경동, 심보선, 이장욱, 김해자 시인 등이 미당문학상 후보를 공개적으로 거절했고, 비공개로 거절한 시인도 있었다. 미당문학상 제정 17년 만에 비로소 미당 서정주를 기념하는 미당문학상의 권위가 깨어진 것이다.

한편, 5.18문학상 수상자로 결정된 김혜순 시인은 미당문학상 수상 전력이 논란이 되자 곧바로 수상을 사양했다. 서울시(문화본부)에서도 친일문학이 한국의 국어와 우리나라를 어떻게 치욕스럽게 만들었는지, 〈친일문학을 읽다〉라는 행사를 덕수궁 함녕전에서 열었다.

2017년, 광복절에는 서대문형무소에서 한국작가회의 자실위와 민족문제연구소가 공동으로 '친일문인 작품전'을 열었다. 친일작품전과 함께 '친일시 낭독회' '대시민 반대 서명전' '친일문학상 폐지 성명서'를 발표했다. 이 행사는 중앙언론사와 방송에서 보도했고 문예지, 잡지, 신문, 페이스북 등에 많은 평론가들과 작가들이 '미당문학상' 비판을 쏟아냈다. 결국 친일문학상 폐지, 반대운동은 언론에서도 작가들에게도 주요 화두가 되었던 것은 물론이고, 한국문단의 전면에 등장하였다. 미당문학상의 존재가치에 의문을 제기하고 폐지의 정당성을 주장하는 사람들이 늘어난 것이다.

마침내 2017년 10월 21일, 한국작가회의 이사회에서는 〈친일문인 기념문학상에 대한 한국작가회의의 입장서〉가 통과되었다. 이 입장서는 대외적인 성명서 형태로 발표된 것은 아니었다. 한국작가회의의 홈페이지 게시판을 통해서 발표하고 모든 회원들에게 메일로 공지를 하였다. 입장서에는 친일문학상 찬성자든 반대자든 작가단체로서 내부 고민이 담겨 있다. 비록 내부 입장문으로 완화되었으나 한국작가회의의 공식 입장이 처음으로 나온 것이다. 그 이전에는 지방 지회에서 발표한 성명서가 여러 군데 있었지만 본회에서 대응은 하지 않았다. 입장의 요지는 '한국작가회의는 친일문인문학상을 반대하며 모든 회원들에게 친일문학상에 관련된 심사와 수상 등에 참여하지 말 것을 권고'한다는 것이었다. 2년여 동안 숱한 갈등과 논란 끝에 한국작가회의의 의결기구인 이사회에서는 대다수 이사들의 동의로 '친일문인문학상 반대 입장'을 공식적인 단체의 의견으로, 공개적으로, 최초로, 명확히 밝힌 것이었다.

한국작가회의의 〈입장문〉을 통해 '친일문인기념문학상 폐지운동'의 의미를 다시 한 번 되짚어 본다.

**친일문인기념문학상에 대한 한국작가회의 입장**

친일문학인을 기리는 문학상 문제와 관련하여 한국작가회의(이하 작가회의)의 입장을 밝힙니다.

먼저 이를 둘러싼 그간의 과정에 대해 말씀드립니다. 2016년 7월 한국문인협회에서는 춘원문학상과 육당학술상 제정 계획을 밝혔던 바 있습니다. 이에 작가회의 자유실천위원회는 여러 시민단체와 연대하여 거센 비판을 전개해 결국 한국문인협회의 문학상·학술상 제정 철회를 이끌어 내었습니다. 이후 자유실천위원회에서는 이와 관련된 논의를 친일 문인 전반에 관한 사항으로 확대시켜 나갔습니다. 11월 9일 민족문제연구소와 공동주최했던 〈친일 문인 기념 문학상 반대 긴급 토론회〉는 그러한 논점을 적극적으로 부각시키게 된 계기라고 할 수 있겠습니다.

토론회 이후 분기마다 열리는 이사회에서는 매번 치열한 갑론을박이 벌어졌습니다. '친일 문인 기념 문학상'에 대한 작가회의의 입장 정리를 둘러싼 논쟁이었습니다. 해당 문학상의 심사·수상과 관련한 문제는 회원 개인이 판단할 사항이라는 의견으로부터 작가회의 강령을 마련하여 조직적 차원에서 이 사안에 대한 분명한 입장을 대외적으로 공표해야 한다는 의견에 이르기까지 논의의 스펙트럼은 다양했습니다. 2016년 11월 이사회에 이어 2017년 1월 이사회에서도 첨예하게 맞서는 상황이 연출되자 여러 회원들의 입장과 논리를 경청하고 참고해야 할 필요가 요구되기도 했습니다. 이에 따라 개최된 행사가 지난 3월 25일 〈친일 문인 기념 문학상에 대한 토론회〉였습니다. 작가회의는 이날 토론회의 내용을 바탕으로 4월 이사회와 7월 이사회에서 다시 한 번 격론을 거친 후 입장을 잠정적으로 정리하였습니다. 그리고 10월 이사회를 통하여 확정한 내용은 다음과 같습니다.

첫째, 한국작가회의 이름으로 회원의 잘못을 추궁하는 방식은 적절치 않다. 인간은 언어를 통하여 세계를 이해하고, 다시 세계 너머를 욕망하는 존재이다. 작가가 다른 누구보다 섬세하면서 동시에 담대할 수 있는 근거는 여기서 비롯된다. 세계를 끌어안기 위한 방편으로 언어를 세공할 때 그는 누구보다 섬세해지며, 인간을 구속하는 현실의 한계와 고투하며 바깥으로 나아가고자 할 때 그는 더 없이 담대해지는 것이다. 그러한 작가에게 규정과 치죄에 근거하여 다가서고자 하는 방식은 자율성을 의심하는 모독이 될 수 있으며, 문학단체로서의 품격에도 들어맞지 않는다. 더군다나 조직의 권위로써 구성원을 제어할 수 있으리라는 착상은 그동안 작가회의가 줄기차게 맞서 싸워온 국가 폭력의 작동 방식과 유사한 바도 있다.

2007년 우리는 '민족문학작가회의'에서 '한국작가회의'로 명칭을 변경하였다. 이때 합의되었던 바는 변화하는 한국 문학의 다양한 흐름을 포괄하자는 것이었다. 여기에는 작가회의가 종래 민족문학/민중문학의 특정한 가치를 중심으로 결집했던 반면, 이후 한국문학의 여러 경향까지 끌어안음으로써 명실상부 대한민국을 대표하는 작가 단체로 나아가겠다는 결의가 내포되어 있다. 사정이 그러한 까닭에 새롭게 규율을 만들어 회원들을 강제하려는 시도가 과연 한국작가회의에서 취할 수 있는 적절한 방식인가는 신중하게 고려해야 할 것이다.

둘째, '친일 문인 기념 문학상'과 관련한 문제는 작가회의의 정체성에 근거하여 입장을 정리해야 한다. 〈사단법인 한국작가회의 정관〉 제1장 총칙 제2조는 작가회의의 목적을 다음과 같이 규정하고 있다. "본 법인은 자유실천문인협의회와 민족문학작가회의의 정신을 계승하여 한국 문학의 발전에 기여함을 목적으로 한다." 자유실천문인협의회와 민족문학작가회의는 독재권력 및 분단 체제의 모순과 적극적으로 맞서면서 성장해왔고, 투쟁을 야기하는 현실이 청산되지 못한 친일 잔재로부터 배태되었음은 자명한 사실이다. 일찍이 작가회의는 미당의 친일·친독재 이력을 비판하며 미당문학상 제정을 반대했던 바 있다. 2001년 9월 11일 작가회의 지회들에서 연명으로 발표한 성명 「오도된 역사를 거부하며」는 그러한 내용을 집약하여 드러낸다. 뿐만 아니라 2002년 8월 민족문제연구소와 함께 공개하였던 친일문학인 명단은 이후 『친일인명사전』을 발간해내는 계기로 자리잡고 있다. 이러한 작가회의의 정신과 전통이 여전히 살아 약동하고 있음을 차제에 분명하게 천명해야 한다.

우리는 촛불혁명을 통해 한국 사회 시민들의 성숙한 의식을 감동적으로 확인할 수 있었다. 시민들이 도저히 용납할 수 없었던 사안들 가운데에는 2015년 체결된 〈한일 일본군 위안부 협상〉이라든가 〈역사교과서 국정화〉 등이 포함되어 있다. 작가회의는 이른바 뉴라이트가 촉발하는 역사 전쟁의 치열한 현장에서 물러설 수 없다는 시민들의 요구와 함께해 나가야 한다. 문학의 자리가 현실과 유리된 영역에 진공 상태로 마련되는 것이 아닌 까닭이다. 인간은 스스로 선택한 삶이 아니라는 맥락에서 이 세계에 내던져진 존재이지만, 내던져진 순간부터 세계의 일부로 참여하고 있다. 참여로 인해 생겨난 책임을 작가는 누구보다 적극적으로 감당해 나가야 한다. 이와 관련하여, 자유실천문인협의회의 출현이 참여문학 논쟁의 성과 위에 발

딛고 있다는 사실도 몰각되어서는 곤란하다.

    이러한 두 가지 원칙에 근거하여 내린 작가회의 입장은 다음과 같다. 작가회의는 회원들이 '친일 문인 기념 문학상'을 심사하거나 수상하는 데 대하여 특별한 조항을 만들어 강제하지 않는다. 하지만 '친일 문인 기념 문학상' 제정 및 운영과 관련되는 모든 사안이 작가회의의 전통 및 지향과 양립할 수 없다는 사실은 웅숭깊게 성찰해야 한다. 따라서 작가회의는 '친일 문인 기념 문학상'과 관련된 심사, 수상 등에 참여하지 않을 것을 모든 회원들에게 권고한다.

2017년 10월 21일 한국작가회의

**임성용**
전남 보성 출생. 〈전태일문학상〉 수상. 시집 『하늘 공장』 『풀타임』 『흐린 저녁의 말들』. 산문집 『뜨거운 휴식』.

시인이자 도예가인 안영희 산문집
# 『슬픔이 익다』

## "이 산문집이 시대의 증언 되어주기를"

안영희 시인이 생애 처음이자 마지막이라며 그동안 써 온 산문을 책으로 묶었다.
여느 수필가들의 수필처럼 구구절절 풀어낸 글이 아닌, 고통을 겪고 나서 '익은' 그만의 직관력과 예리한 감성적 언어로 걸러낸 편편이 산문이 아니라 장편의 대서사시를 읽는 듯하다. 몇 날 며칠 커피를 앞에 놓고 마주 앉아 이야기를 나눈 끝에 시인을 다 알아 버린 느낌을 주는 산문집이다.
더는 감추고 기다리고 저금해야 할 시간이 남아 있지 않다.
전쟁이 찢어 놓은 유년으로부터 참 갖가지로 뒤집히며 변천한 시대들을 살았고……, 오늘은 디지털 광속의 문명에게 파도가 칠 때마다 깨져 젖혀지고 있는 세상의 가장자리이다.
이쯤해서 그만 혁명처럼 창고들을 정리하고 저 뒤란 내 흙마당에게로, 자연에게로 마음의 이삿짐을 싸면서, 생애토록 쓰여졌던 먼지 속 산문들을 호명해 한 권의 책으로 엮는다.

문예바다 | 216쪽 | 양장본 | 값 15,000원

때로 목울대 뜨거워져도 결코 가닿을 수 없는 느리게의 시절, 내 그리움의 정처들에게 늦은 편지를 띄우듯이. 젖혀져 유독 아프게 디뎌 와야 했던 내 성장사 또한 저 홀로의 개인사에 그치는 일이 아님을 이제 판독함으로, 조금치나마 내 살고 가는 시대의 증언이 되어주기를 희망하며.
―「작가의 말」 중에서

실천문학시인선 041

# 한정판 인생

## 이철경 시집

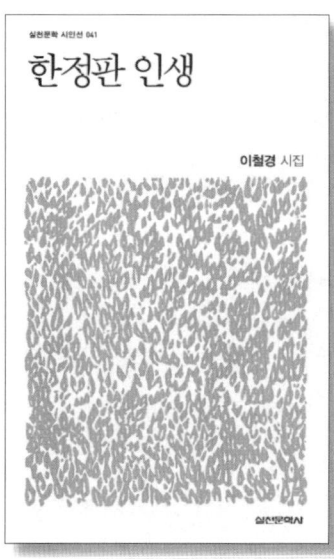

2011년 '발견' 신인상을 받으며 작품 활동을 시작한 이철경 시인이 세 번째 시집 '한정판 인생'(실천문학사)을 출간했다. 상처와 결핍의 원체험을 통해 역설적이게 삶의 희망과 빛을 노래한 시집이다.

'시인의 말'에서도 밝히고 있듯이 시인은 '과거 기억의 시적 형상화를 현실에 빗대어 문학적 치유'를 보여준다. 그에게 시 쓰기는 '슬픔의 흔적'을 따라가는 여정에서 '자아에 대한 성찰'과 함께 '희망의 가치'를 추구하려는 몸짓이다. 시인은 상처투성이의 세계 속에서도 인간을 믿고, 문학의 힘을 믿는다.

실천문학사 Tel. 02-322-2161~5 www.silcheon.com 값 10,000원

# 임영희 시집 나비가 되어

북랩 | 2020. 06. 26 | 정가 10,000원

이 시집에는 표제작 '나비가 되어'를 비롯해 총 70수의 시가 실려 있으며 있는 그대로 술술 읽을 수 있는 쉬운 어휘 사용과 구성이 특징이다.

임영희 시인은 계절, 동물, 식물을 가리지 않고 주변에 존재하는 자연 그 자체를 관찰하고 그것의 특성에 따라 자신이 지닌 모습을 투영한다. 첫눈을 통해 아름답지만 눈처럼 녹아 사라진 첫사랑을 떠올리면서 아파하지만 그것이 지금의 자신을 만들었다 말하고 동쪽 하늘에서 천천히 떠오르며 세상을 빛으로 가득 채우는 해처럼 마음속을 가득 채우는 소중한 사람을 떠올리며 그 사람과 함께할 수 있음을 감사하기도 한다.

사랑에 중독되어 본 사람이라면, 아니 사랑을 거절당하거나 배신의 쓴 맛을 아는 사람이라면 공감할 것이다. 죽음보다 강렬한 광기의 맛? 통점의 그 뜨거움! 석고화되어버린지 오랜 해묵은 상처에 카타르시스를 주는 맛이다. '선지보다 붉은 저주의 탈을 쓰고'있는 용감한 사랑 중독자의 아우라, 폭염 속에서 불타던 선지빛 맨드라미꽃! 도도한 사랑법을 읽는다. 폭염의 여름날, 장닭의 그 벼슬처럼 붉은 맨드라미는 고개 숙일 줄 모른다. 사랑에 빠진 자의 모습이 뜨거운 맨드라미로 환생했음이다. 내 사랑이 너무 진해서 그대에게 다 닿지 못할 때의 안타까움마저 안으로 붉게 침잠하는 그 뜨거운 맨드라미 사랑이라니. 아니 빈 골목을 기다리는 망부석 같은 사랑이라니. 서툴다. 우직하다. 심장을 때린다. 그 사랑법!

— 최한나 시인

이사람

# 새들의 세탁소

글 이사람 그림 신재원 | 값 10,000원

산 것들은 새들의 세탁소에 간다는데……

새들의 세탁소에서
숯을 파는 인형을 보았습니다.

새들의 세탁소 마당에는
다친 새들이 슬픈 저녁처럼 날아듭니다.

인형이 되돌아 간 들길엔
깨꽃이 하얀 웃음처럼 피었습니다.

새들의 세탁소에는
놓아버린 생각들이 절뚝거립니다.

―작가의 말

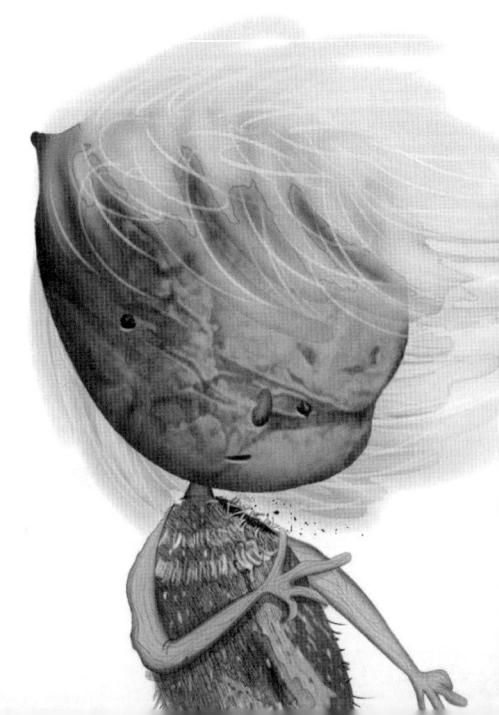

시와반시 기획시인선 011

# 단 하나의 장면을 위해

최세라 시집

겨울비가 내리는데 우산도 없이 최세라가 지나간다. 최세라는 누구인가? 그리고 또 최세라 안에는 얼마나 많은 최세라가 있는가? 세상은 온통 무질서와 미숙함, 폭력과 검은 개와 철제의자, 흰나비와 빨간 사과로 뒤덮였는데, 여기가 어딘가요, 여기 어디죠? 피로 물든 생일 초를 한 손에 쥐고, 최세라가 깊고, 차디찬 언어의 바다를 헤엄치고, 또 헤엄쳐 한 권의 시집 안으로 들어간다. 페이지를 넘길 때마다 무수한 타인과 겹쳐지는 눈물겨운 최세라, 수많은 최세라가 스쳐가지만, 페이지를 덮을 때쯤이면 아낌없이 시와 불태운 최세라, 한 명의 시인만이 또렷하게, 오롯이 남아 빛을 발한다. 시를 쓴다는 자체가 전복이고 황홀인, 시인 최세라!

― 김상미 시인

**시와반시** | www.bansi.co.kr | Tel. 053)654-0027 | Fax. 053)622-0377 | 값 9,000원

# 아름다운 작가

## 신인 및 회원 모집

사단법인 한국작가회의 양주지부에서는 우리 문학을 이끌어갈 참신하고 역량 있는 작가 발굴을 위해 신인 및 회원을 모집합니다.

**자격**   문학을 사랑하는 누구나

**부문별**
- 시　　　5편 이상
- 시조　　5편 이상
- 소설　　1편(200자 원고지 80매 내외)
- 동화　　1편(200자 원고지 80매 내외)
- 문학평론 1편(200자 원고지 80매 내외)

**방법**   이메일 및 우편 수시 접수

**보낼 곳**   경기도 양주시 백석읍 양주산성로 523, 304동 1201호 (가야 3차아파트) (사)한국작가회의양주지부 앞
겉봉에 양주작가 회원 및 신인 응모 원고임을 명기할 것.

**이메일**   bauny10@hanmail.net

**특전**   양주지부 회원으로 가입할 수 있으며 문단활동을 지원함.

**기타**   신인인 경우 다른 매체에 발표되지 않은 신작이어야 하며 원고 반환은 하지 않음.

※ 자세한 내용은 전화 010-4335-6444로 문의하시기 바랍니다.

(사)한국작가회의양주지부

## 아름다운 작가

(사)한국작가회의양주지부 제10호

펴낸날 | 2020년 11월 25일
발행인 | 문선정
편집위원 | 나병춘 윤인구 이가을 임성용
함께한 사람 | 회원 모두
발행처 | 아름다운 작가 (사)한국작가회의양주지부
우편물 | 경기도 양주시 백석읍 양주산성로523, 1201호
전화 | 010-4335-6444
카페 | http://daum.net/yangju-hanjak
이메일 | bauny10@hanmail.net

펴낸곳 | 소울앤북
편집실 | 서울시 중구 삼일대로 6길 15, 3층
전　화 | 02-2265-2950

ISBN 979-11-967627-7-3　03810

값 15,000원

* 잘못된 책은 바꿔드립니다.
* 이 책은 양주시에서 사업비 일부를 지원받았습니다.